DES BRAS PLUS FORTS

Traduit de l'anglais par **Gwenaël Hubert**

Maquette et mise en page : **Éditions Vigot, Linda Badaire**

ISBN : 2 7114 1484 1 — Dépôt légal : juin 2001

Imprimé en France

DES BRAS PLUS FORTS

S. COCHRAN & T. HOUSE

143 exercices pour développer des muscles puissants et améliorer ses performances

VIGOT

TABLE DES MATIÈRES

Introduction 7

PREMIÈRE PARTIE : BASES DE LA FORCE

Chapitre 1 Entraînement de la partie supérieure du corps 15
Chapitre 2 Guide d'entraînement 35
Chapitre 3 Souplesse fonctionnelle 51
Chapitre 4 Stabilisation articulaire 63

DEUXIÈME PARTIE : EXERCICES FONDAMENTAUX

Chapitre 5 Poitrine 107
Chapitre 6 Épaules 117
Chapitre 7 Haut du dos 127
Chapitre 8 Biceps et triceps 137
Chapitre 9 Avant-bras 151

TROISIÈME PARTIE : PROGRAMMES FONCTIONNELS

Chapitre 10 Entraînement général du corps 159
Chapitre 11 Principes d'entraînement avancé 181
Chapitre 12 Créer des programmes d'entraînement 195

INTRODUCTION

Aujourd'hui, on classe généralement les adeptes du *fitness* en trois catégories : ceux qui désirent *perdre* du poids, ceux qui souhaitent *garder* leur condition physique, et ceux qui souhaitent *améliorer* leur silhouette.

Votre objectif est-il de développer la taille, la force ou la souplesse de vos muscles, ou bien seulement de supprimer des douleurs musculaires ? Quand vous accomplissez vos tâches quotidiennes, manquez-vous de force ou d'endurance ? Voulez-vous augmenter votre musculature ? Avez-vous besoin de renforcer vos bras pour perfectionner vos coups au base-ball, au tennis, ou vos swings au golf ?

Des biceps sculptés en faisant des curls à la barre permettent-ils de frapper une balle plus fort, plus loin ou plus vite ? Si, pour vous sentir mieux dans une robe décolletée ou dans un maillot de bain, vous donnez du volume à vos pectoraux, faut-il privilégier les pompes ou les développés couché ? Comment expliquer les courbatures musculaires et les douleurs articulaires ? Quel rôle joue l'âge ou l'activité sur les choix d'entraînement pour préparer son corps ou le remettre en forme ? Comment éviter des problèmes comme le tennis-elbow (synovite du coude) ou le syndrome du canal carpien ?

Après avoir déterminé précisément les parties supérieures du corps que l'on désire renforcer, il reste à savoir où trouver les meilleures informations pour le faire correctement. Doit-on surfer sur le net, regarder des émissions à la télévision, feuilleter des ouvrages spécialisés, fréquenter un club de sport, ou simplement attendre que les choses s'arrangent ? Même si les concepts de *fitness*, d'embonpoint, de résultat et de protocole vous paraissent confus, sachez que vous n'êtes pas le premier à vous y perdre. Aujourd'hui, l'univers de la forme est parfois encombré d'un fatras de fausses informations cautionnées par des célébrités et diffusées à grand renfort de battage médiatique et qui ne mènent qu'à l'échec. Pour en finir avec ces aspects frustrants, ce livre présente des renseignements objectifs et actualisés, des exercices simples et des conseils corroborés par l'usage, destinés à accroître vos chances de vous fortifier les bras en améliorant la forme de la partie supérieure de votre corps.

Notre objectif est de fournir des informations et des instructions claires et de vous aider à réduire vos discordances physiques pendant que vous travaillez vos deltoïdes ! En tant que spécialistes de la performance, notre mission a toujours consisté à *pré-habiliter* les gens, c'est-à-dire à contribuer à les faire vivre, travailler et s'amuser plus longtemps.

Quatre facteurs fondamentaux de la performance sont communs aux athlètes d'élite et aux débutants :

- 1) le mental,
- 2) la nutrition,
- 3) la biomécanique, et
- 4) la condition physique.

Nous avons élaboré cet ouvrage grâce à plusieurs dizaines d'années d'expérience professionnelle dans les domaines de l'athlétisme, de l'entraînement, des arts martiaux, du culturisme, de la psychologie, de la nutrition, de la biomécanique et de la physiologie de l'exercice. Anciens sportifs confirmés et rompus à toutes les formes de travail de résistance, nous entraînons des sportifs de haut niveau et des novices dans le monde entier, en appliquant les connaissances les plus récentes en science du sport avec des instructions fonctionnelles, afin d'épargner à nos élèves les erreurs souvent commises dans le passé dans la poursuite d'objectifs de forme. Bien qu'il n'existe pas de méthode miracle, chacun peut progresser en suivant un programme d'entraînement régulier et adapté. *Des bras plus forts* convient aux adeptes du *fitness*, aux culturistes, aux entraîneurs, aux sportifs et à tous ceux, hommes et femmes, qui cherchent à développer la masse, la force et/ou l'endurance musculaire de la poitrine, des épaules et des bras sans compromettre l'intégrité articulaire ou la souplesse. Ce livre servira de manuel élémentaire aux entraîneurs sportifs et à ceux qui s'entraînent pour la forme ou la compétition, et permettra aux entraîneurs d'actualiser leurs méthodes d'enseignement. Chaque lecteur y trouvera des conseils nouveaux pour préparer le haut de son corps en fonction des exigences liées à son mode de vie.

Comme les objectifs varient selon les individus, il est capital d'harmoniser l'entraînement avec des buts spécifiques. Par exemple, on maigrit plus facilement en associant une activité aérobie qui sollicite l'ensemble du corps et un travail de résistance de type endurance, plus efficaces pour brûler les graisses qu'un programme de renforcement des muscles principaux. Pour travailler la souplesse et l'amplitude de mouvement (ADM), et développer ou maintenir l'intégrité musculaire et articulaire, ceux qui s'entretiennent physiquement peuvent concocter une série complète d'exercices à partir des nombreuses méthodes, anciennes et récentes. Nous abordons des questions de taille, de densité, de force et d'endurance musculaires en intégrant méthodiquement des exercices d'assouplissement, de stabilisation articulaire, sur machines et avec charges libres. Même si nous introduisons des concepts et des termes nouveaux, basés sur l'application des recherches en science du sport, les exercices sont clairement illustrés et expliqués.

Les principes spécifiques du mouvement proviennent de son analyse en trois dimensions par BioKinetics, Inc. Nos protocoles neuromusculaires conçus pour préparer le corps en accord avec les particularités du mouvement, s'inspirent des recherches de Functional Fitness Paradigms, Inc. Depuis des années, ces compagnies, implantées à Salt Lake City, aident les sportifs à personnaliser avec succès le travail technique et de résistance, de façon à atteindre une forme optimale et à réduire les risques de blessures au minimum. La réussite de ces athlètes d'élite a ouvert la voie pour la quête de la forme à un niveau plus modeste. Améliorez spécifiquement le haut de *votre* corps, qu'il soit mince ou gros, en suivant un programme *personnel*. Plus besoin de privilégier l'esthétique par rapport à la fonction, ni l'inverse, on peut maintenant les combiner.

Examinez les profils « fictifs » et les protocoles du tableau ci-dessous pour vous faire une idée sur les différentes possibilités d'établir un programme d'entraînement. Il va sans dire que l'on peut subdiviser chaque profil fictif.

	Perte de poids	Entretien physique	Culturisme
Activité aérobie	X	X	
Souplesse	X	X	
Utilisation du poids du corps/Intégrité	X	X	X
Machines		X	X
Charges libres		X	X

Avant d'aller plus loin, ouvrons une parenthèse importante sur l'engagement, lequel doit tenir compte de « facteurs personnels » comme la motivation, l'emploi du temps, le travail, les loisirs, la famille, l'âge, les risques de blessures, etc. Les physiologistes de l'exercice définissent l'entraînement en termes de volume, de charge, de fréquence, d'intensité et de durée. Déterminez un entraînement spécifique en considérant les quatre facteurs fondamentaux de la performance (mental, nutrition, biomécanique et activité physique) et toute contrainte relative à votre vie privée ou professionnelle. Efforcez-vous d'être réaliste. Élaborez vos séances d'entraînement de façon à maintenir un engagement régulier plus facilement. Fixer la barre trop haut, ne mène qu'à des frustrations et à l'échec.

Envisagez les choses sous cet angle : on ne vit pas pour s'entraîner, on s'entraîne pour vivre plus agréablement. Évaluez d'abord le nombre d'heures par jour et de jours par semaine que vous pouvez régulièrement et facilement consacrer aux séances. Bien chronométré et planifié, l'entraînement devient un moment aussi important que les repas et le sommeil. Qui plus est, même si cela peut paraître incroyable, l'amélioration de la forme a une incidence positive dans tous les aspects de la vie. Pour y parvenir, il suffit d'agir correctement.

Ce livre explique comment élaborer au mieux un programme de développement optimal de la forme fonctionnelle, dont on peut combiner les séances à l'infini en s'entraînant chez soi, en vacances, au bureau ou dans un club sportif. Ne vous inquiétez pas ; nous vous aiderons dans cette démarche personnelle. De plus, une fois les principes de base établis, les choix d'entraînement seront évidents. Vous n'avez aucune excuse si vous abandonnez !

La **première partie** aborde le développement de la force en traitant des protocoles de santé d'une manière novatrice. Les séances quotidiennes que nous proposons pour travailler l'ensemble de la partie supérieure du corps sollicitent les articulations, les tissus conjonctifs et les muscles (grands, moyens et petits). Il s'agit de répéter des séries uniques en diversifiant les positions, les angles et les mouvements. Dans les **chapitres 3 et 4**, nous avons numéroté ces différences techniques et les photos qui les illustrent.

La **deuxième partie** se compose d'exercices fondamentaux accompagnés d'instructions claires et précises pour en effectuer les phases préparatoire et technique. Nous actualisons les exercices nécessitant l'emploi de machines et de poids libres, en montrant comment « périodiser » les séances sur plusieurs jours, de façon à travailler un seul ou plusieurs groupes musculaires avec des séries uniques et/ou multiples, en variant les positions, les angles et les mouvements, selon les insuffisances musculaires.

La **troisième partie** permet de créer des programmes fonctionnels qui intègrent les exercices fondamentaux. Notre approche « spécifique croisée » consiste à donner des modèles d'entraînement correspondant à des objectifs et à des profils caractéristiques. Vous apprendrez aussi à mieux préparer votre corps et à le remettre en forme par le repos actif, le travail d'endurance et l'amélioration de la composition sanguine. Enfin, nous vous aiderons à choisir et à modifier un programme de résistance pour l'adapter parfaitement à votre niveau de santé.

Nous espérons que vous prendrez autant de plaisir à lire ce livre que nous en avons eu à l'écrire, et surtout qu'il vous motivera, quel que soit votre objectif spécifique, à vous fortifier les bras et à développer la forme de toute la moitié supérieure de votre corps.

PREMIÈRE PARTIE

BASES DE LA FORCE

La première partie de cet ouvrage explique comment améliorer la forme fonctionnelle des bras et de la partie supérieure du corps, grâce à un ensemble d'informations destinées à développer les fondements d'un physique fort. Le **chapitre 1** présente les différents types d'entraînement en fonction de leur utilité, avec des concepts qui élargiront votre compréhension de base du travail de résistance et de son importance, et il vous instruit ensuite sur l'anatomie de la partie supérieure du corps. Le **chapitre 2** montre comment faire. Le **chapitre 3** initie à des principes d'entraînement en vigueur dans les pays asiatiques et dont nous pensons qu'ils facilitent une bonne assimilation des renseignements fournis aux chapitres 1 et 2.

Enfin, le **chapitre 4** « occidentalise » toute cette partie, en insistant sur l'intégrité articulaire de la partie supérieure du corps. Pour surmonter les fausses informations, partout dans le livre, nous (1) **décrivons les positions et les mouvements**, (2) **vous apprenons à les utiliser pour travailler la résistance**, et (3) **indiquons comment élaborer un programme adapté à votre mode de vie.**

Chapitre 1

ENTRAÎNEMENT DE LA PARTIE SUPÉRIEURE DU CORPS

Ces dernières années, les types d'entraînement ont évolué. Il y a cinq ans, on considérait parfois la forme et la fonction comme des principes antinomiques. Les techniques traditionnelles de fortification musculaire et de culturisme (dont l'isolation, les séries multiples, les volumes importants et l'épuisement musculaire) ne marchaient pas pour la majorité des adeptes du *fitness*. La plupart des femmes évitaient les charges de peur de grossir, et les hommes finissaient par les abandonner parce que leur masse musculaire ne se développait pas assez rapidement ou ne remplaçait pas la graisse accumulée. Même ceux qui ont atteint le « look Schwarzenegger » ont été incapables de le maintenir après avoir franchi la trentaine, la quarantaine et la cinquantaine, sans se blesser ou y consacrer un temps excessif.

Quand il s'agit de répéter des mouvements, à l'intérieur ou à l'extérieur de la salle de musculation, les gains de force sont limités par nos défaillances. En général, un programme seulement composé d'un travail intense de résistance renforce les muscles principaux, aux dépens des muscles synergiques, de l'intégrité articulaire entre l'épaule et le coude ou de la stabilité du rachis (vertèbres et disques). Les risques encourus sont les suivants : mal de dos, gonflement des disques, tendinite, hygroma, arthrite (le suffixe -ite sert à désigner des maladies de nature inflammatoire).

D'un autre côté, les exercices d'assouplissement améliorent l'amplitude de mouvement (ADM), mais peu la force et l'endurance. Si vous augmentez les charges de travail par rapport à vos capacités, il en résultera un déchirement du tissu musculaire et conjonctif, et des troubles structuraux plus fréquents qu'à la normale, comme les fractures de fatigue, les fragmentations osseuses et les exostoses. La musculature constitue la première ligne de défense du corps lorsqu'on le sollicite. Cependant, elle doit être équilibrée et suffisamment forte pour permettre d'accomplir les activités quotidiennes, mais pas au point de perturber le métabolisme. *Équilibrez* la force, l'endurance et la puissance entre les muscles, les tendons, les ligaments et les os.

Continuez à lire cet ouvrage en vous efforçant de garder en tête ce principe de force fonctionnelle : l'entraînement à la résistance dépend des positions adoptées et des mouvements effectués dans la vie quotidienne. Stabilisez les jambes, les bras, les articulations et le tronc avant de les solliciter. Dans tout travail de résistance, l'angle des positions initiales et finales varie entre 90 et 180°. Presque tous les exercices d'assouplissement (ADM) évitent de placer le corps en situation d'hyper-flexion et/ou d'hyper-extension.

Toutes les séances de ce livre concernent le haut du corps, mais elles en mobilisent l'ensemble quand c'est possible. En règle générale, vous exécuterez des séries uniques et/ou multiples de chaque exercice en répétant la position ou le mouvement qui convient. Votre entraînement sera lourd, moyen ou léger, en fonction de vos objectifs et de votre tolérance à l'effort. Vous déterminerez les charges et le nombre de répétitions par rapport à vos activités (compétition, travail et loisirs). Vous éviterez la monotonie du surentraînement (stagnation neurale). Comme les exercices de musculation destinés à développer la force brutale et la masse musculaire sollicitent les muscles principaux (agonistes et antagonistes), on les associe à un travail d'intégrité et de stabilisation des muscles secondaires (synergiques).

Cette approche inclut une notion importante : l'entraînement permet de façonner le haut de son corps de manière égale. Tout passionné de bonne forme et de musculation peut développer un physique harmonieux avec un entraînement adapté à ses objectifs de beauté plastique, et satisfaire ainsi son ego tout en faisant quelque chose de salutaire pour son corps ! Cependant, on ne peut améliorer la santé et l'aspect *extérieur* du corps sans en réguler le métabolisme, à *l'intérieur*.

Ne fournissez pas d'efforts avant d'avoir compris les principes de cette nouvelle conception de l'entraînement, que nous nous sommes efforcés de simplifier, mais n'oubliez pas de les lire et de les relire attentivement pour élaborer vos programmes d'entraînement correctement. En suivant cette démarche, vous pourrez aussi déterminer vos erreurs, les corriger et progresser en toute confiance.
Nous traiterons d'abord des bienfaits de l'entraînement, puis nous en expliquerons les causes, du fonctionnement de la cellule musculaire à l'anatomie de la partie supérieure du corps, et, pour finir, nous vous montrerons comment développer votre forme fonctionnelle en appliquant des principes d'entraînement fondamentaux. Notre but est d'offrir le meilleur choix d'informations et d'instructions (traditionnelles et actuelles) sur le travail de résistance.

Le complexe FPA : fonction, prévention des blessures et amélioration des performances

Trois facteurs jouent un rôle prépondérant dans l'entraînement de la partie supérieure du corps : **(1) la fonction, (2) la prévention des blessures, et (3) l'amélioration des performances.**

1. **Fonction.** Le corps doit être suffisamment fort, souple et endurant pour fonctionner de façon optimale, c'est-à-dire accomplir correctement les mouvements biomécaniques (bouger, pratiquer un sport ou marcher) en n'éprouvant aucune gêne. Dans le cas contraire, il faudra développer l'endurance, la force et/ou la souplesse, selon les besoins.

2. **Prévention des blessures.** À tout moment de la journée, le corps est confronté à diverses exigences spécifiques de force, de souplesse et d'endurance, susceptibles de le rendre vulnérable quand une faiblesse l'empêche d'y répondre aisément. Qu'il s'agisse de sortir la poubelle ou de frapper une balle à 150 km/h au base-ball, le corps est sollicité. Quelle

que soit la tâche à effectuer, si le corps n'a pas les niveaux requis de force, de souplesse ou d'endurance, il sera sujet à des blessures allant d'un claquage mineur à une déchirure complète de la coiffe des rotateurs (muscles profonds de l'épaule).

3. **Amélioration des performances.** L'amélioration des performances est indubitablement l'objectif le plus souvent associé au travail de résistance. Un programme d'entraînement pour tout le haut du corps en améliore la force, la puissance, la souplesse et/ou l'endurance, en fonction des objectifs. Un programme complet renforce l'ensemble de la moitié supérieure du corps, développe la puissance nécessaire à l'exécution de mouvements spécifiques et augmente l'endurance et la souplesse des articulations.

Le complexe FPA permet de s'entraîner correctement à la résistance. Comprendre *pourquoi* le corps réagit à l'entraînement nécessite une connaissance des muscles. Plus on connaît la physiologie du tissu musculaire, mieux on peut faire fonctionner son corps.
La physiologie des cellules micro-musculaires fait référence à l'ensemble des petites structures de l'organisme, et la physiologie des cellules macro-musculaires à l'ensemble des grandes structures de l'organisme. Le corps est un système de leviers (articulations) et de poulies (tendons et ligaments), soutenu par l'ossature, mû par la musculature, alimenté en énergie par le sang, et programmé électrochimiquement par le cerveau et les nerfs. Étudiez minutieusement la **figure 1.1.**

Principes de base de physiologie musculaire

Lisez les paragraphes suivants sur les fibres, le tissu et les actions musculaires en vous reportant à la **figure 1.1**. Ainsi, vous comprendrez mieux la structure des muscles et la composition corporelle, ainsi que leur interaction pendant l'effort physique, et les variations physiologiques (incluant les douleurs et les courbatures) qui accompagnent la préparation ou la remise en forme du corps.

Macrostructure des fibres musculaires

Dans le système squelettique, les muscles sont divisés en trois niveaux. Chaque cellule musculaire du corps humain est entourée d'une couche de tissu conjonctif, l'*endomysium*.

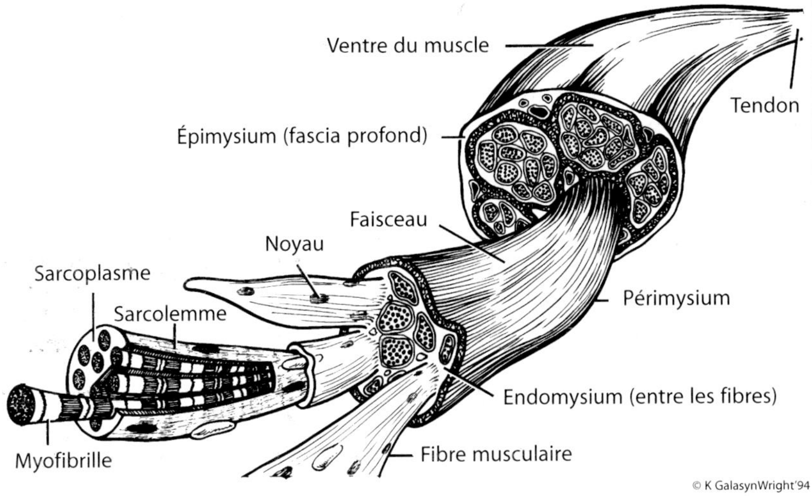

Figure 1.1 Macrostructure et microstructure du muscle.

Les cellules musculaires se regroupent en faisceaux, entourés d'une deuxième couche de tissu conjonctif, le *périmysium*. Une dernière couche, l'*épimysium*, recouvre tous les muscles en les reliant aux tendons et aux ligaments. Les tendons rattachent les muscles à l'ossature et aux articulations ; les ligaments unissent les os entre eux. La contraction coordonnée de plusieurs muscles permet l'exécution d'un mouvement (synergie musculaire), en sollicitant les tendons et les ligaments qui fléchissent ou tendent les articulations.

Microstructure des fibres musculaires

Chaque muscle est formé de fibres, de nerfs et de tissus conjonctifs. La fibre musculaire fonctionne grâce aux filaments de protéines, aux noyaux et aux autres structures chimiques qui la constituent, système interactif que l'on appelle *microstructure*. Commençons par étudier les faisceaux de fibres avant d'examiner la cellule et sa contractilité. Les cellules (fibres) musculaires sont longues, et au microscope, elles apparaissent striées. Elles comprennent des protéines contractiles, un noyau, des mitochondries, des myofibrilles et le réticulum sarcoplasmique. Chacune contient de nombreuses *myofibrilles* qui renferment les éléments permettant à une cellule musculaire de se contracter.

Les myofibrilles d'une cellule sont composées de myofilaments de deux types, la myosine et l'actine, qui entraînent la contraction de groupes musculaires entiers. Les myofilaments de chaque cellule musculaire se déplacent pour contracter les faisceaux de la musculature de la partie supérieure du corps.

La *théorie des filaments glissants* explique l'action de ces myofilaments (actine et myosine) dans la contraction de la cellule musculaire. Selon cette théorie, quand les filaments d'actine sont stimulés par le système nerveux, ils glissent vers l'intérieur (centre de la cellule) ou vers ceux de myosine, mouvement qui contracte la cellule. La contraction d'un muscle nécessite la contraction simultanée de toutes ses cellules.

Le système nerveux central contrôle cette contraction des cellules musculaires par des impulsions. Il existe une connexion neuro-musculaire entre chaque muscle du corps.

Les fibres musculaires du corps sont innervées par des *unités motrices,* chacune composée d'un nerf avec des axones qui innervent les cellules des jonctions neuro-musculaires pour contracter celles du tissu musculaire. Il convient donc de distinguer les types de tissus musculaires que nous allons entraîner.

Types de tissus musculaires

Il existe deux types de fibres musculaires, le type I et le type II, physiologiquement similaires et qui se contractent pour créer l'action musculaire. Les fibres diffèrent au niveau de la vitesse de contraction, de la production de force, de l'endurance et du développement de puissance. Commençons par étudier les fibres type II, à contraction rapide.

Les fibres type II développent une force de contraction très rapidement, produisent une grande puissance, ont une capacité aérobie faible et une capacité anaérobie élevée. On peut aussi les diviser en deux catégories : type IIA et type IIB. Le type IIA présente les caractéristiques du type I, c'est-à-dire une meilleure capacité aérobie, moins de puissance et de force que le type IIB. D'un autre côté, les fibres type IIB produisent plus de force et de puissance, mais leur capacité aérobie est plus faible. Les sportifs et les adeptes du *fitness* qui sollicitent le type II sont rapides :

sprinters, sauteurs, lanceurs, batteurs, etc. Le type I est mobilisé par les sports d'endurance : course de fond, cyclisme et randonnée.
Les fibres musculaires type I, presque à l'opposé des fibres type II, ont une capacité aérobie très élevée et davantage d'endurance, mais elles développent moins de force et de puissance. On peut adapter son programme d'entraînement de façon à développer l'un ou l'autre type de fibres musculaires. Par exemple, les nageurs tendent à utiliser principalement les fibres type I. Nous examinerons les stratégies d'entraînement pour chaque type de fibres musculaires et nous fournirons les renseignements nécessaires à l'élaboration d'un programme qui améliore les deux types. Cependant, on ne peut pas transformer les fibres type I en type II. Chacun est doté d'un certain pourcentage de chaque type dans son patrimoine génétique.

Types d'actions musculaires

Avant d'étudier l'anatomie de la partie supérieure du corps, distinguons les trois types d'actions musculaires qui résultent de la contraction des fibres : concentrique, excentrique et isométrique.

Action concentrique

Un muscle produit une action concentrique quand il *se raccourcit* pour surmonter une résistance extérieure. Par exemple, pour faire des curls de biceps à la barre, le biceps se contracte et se raccourcit en longueur pour résister et déplacer la barre vers le haut contre la pesanteur.

Action excentrique

Un muscle produit une action excentrique quand il *s'allonge* pendant le développement de la tension. Reprenons l'exemple des curls de biceps à la barre. Après avoir levé la barre, on la ramène vers le bas en tendant les bras, ce qui entraîne l'allongement des biceps.

Action isométrique

Un muscle produit une action isométrique quand la quantité de force musculaire est égale à la résistance ; par conséquent, il *maintient* sa longueur de repos. Il y a une tension musculaire, mais sans que le muscle s'allonge ni raccourcisse. Pousser contre un mur avec les mains constitue un exemple d'action isométrique. Le muscle qui pousse contre le mur crée une tension, mais sa longueur ne change pas.

Ces trois actions musculaires (concentrique, excentrique et isométrique) conviennent toutes pour l'entraînement de la partie supérieure du corps. Chacune peut être utilisée pour développer la force, la puissance ou les qualités anaérobie et aérobie des muscles. Après avoir traité des principes spécifiques du système musculaire, passons maintenant à l'anatomie de la partie supérieure du corps.

Anatomie de la partie supérieure du corps et des bras

On peut diviser anatomiquement le haut du corps en parties précises (voir **figures 1.2 et 1.3**), chacune composée de groupes musculaires. Nous allons séparer le haut du corps en segments et groupes musculaires spécifiques dont nous expliquerons la fonction. Bien que l'on décompose le corps en plusieurs groupes, les différents systèmes musculaires travaillent ensemble pour créer le mouvement.

La contraction et l'extension de certains muscles entraînent des mouvements spécifiques. Les contractions musculaires sont à l'origine des mouvements du squelette. En fait, le système de leviers du corps peut *seulement* contracter ou tirer.

Cependant, les articulations et le système de poulies du squelette permettent les mouvements de poussée. Par exemple, pour faire un développé couché, on soulève le poids à partir de la poitrine. En réalité, la poussée est créée par les articulations et la contraction des muscles spécifiques dans un mouvement de traction/poussée (agoniste/antagoniste).

On peut solliciter des muscles spécifiques (voir **figures 1.2 et 1.3**) pour accomplir la plupart des mouvements du squelette. Le fonctionnement d'un groupe musculaire coïncide avec le mouvement du squelette autour d'articulations spécifiques. Les actions du squelette, initiées par la contraction et l'extension musculaires, peuvent être divisées en cinq catégories principales : extension, flexion, rotation, adduction et abduction. De plus, le travail de résistance est basé sur ces mouvements du squelette pour développer la forme et/ou la fonction.

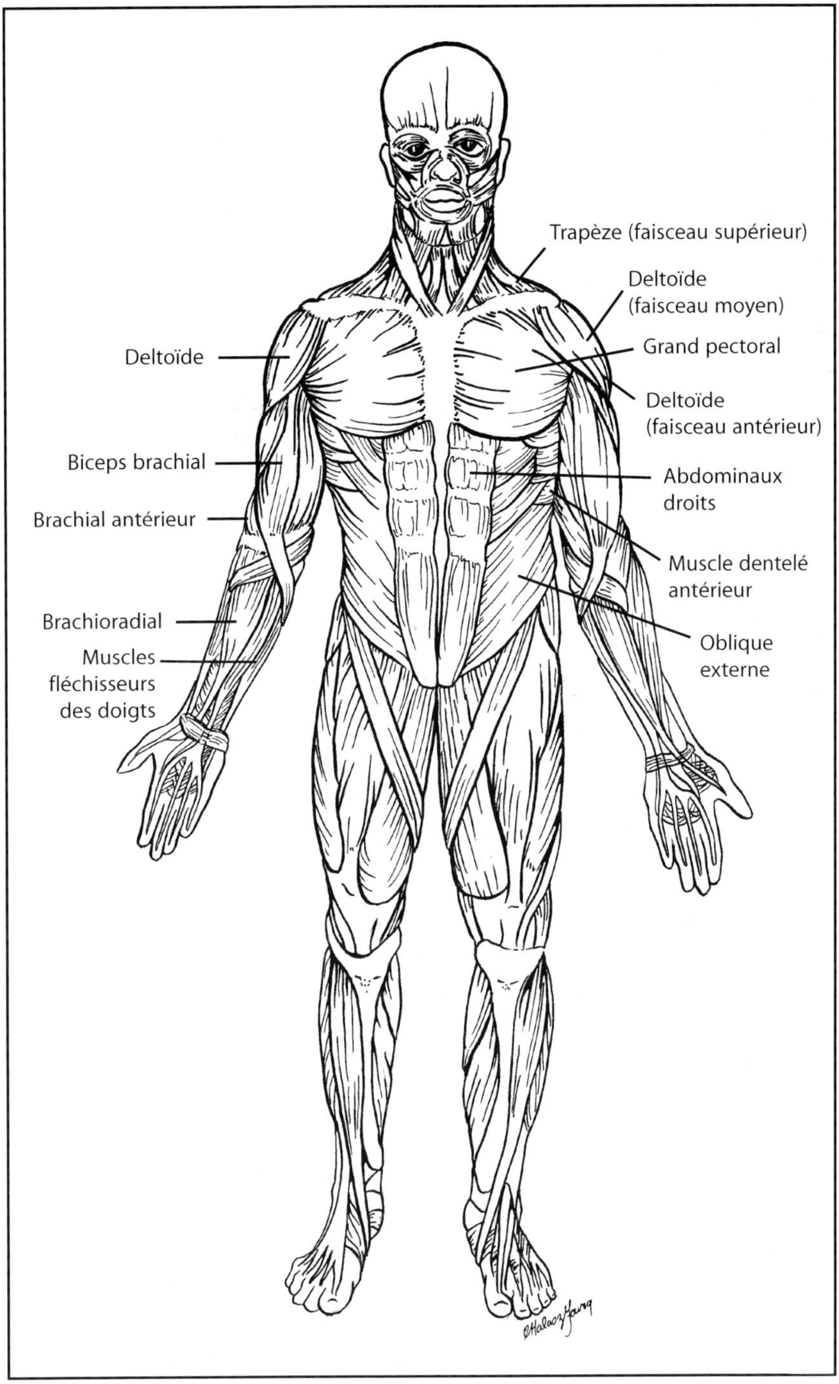

Figure 1.2 Les muscles chez l'homme, vus de face.

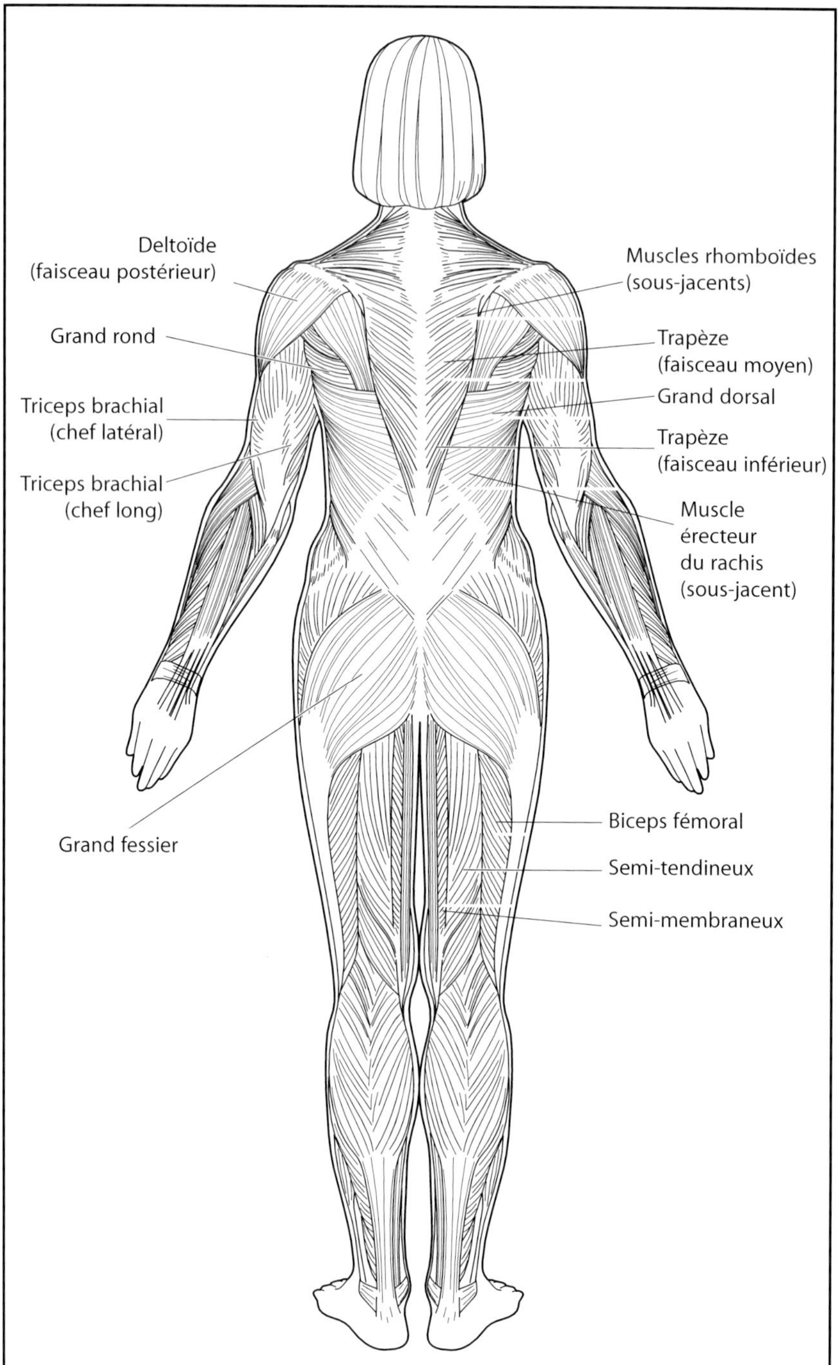

Figure 1.3 Les muscles chez la femme, vus de dos.

Bien que cela semble complexe, il suffit de comprendre un peu comment interagissent les systèmes squelettique et musculaire, en commençant par examiner les groupes musculaires spécifiques de la partie supérieure du corps, avant de considérer les règles de préparation à observer pour les exercer.

Poitrine

La fonction principale de la poitrine consiste à contracter les muscles de l'articulation de l'épaule. Le grand pectoral, qui joue un rôle prédominant dans cette région, peut se diviser en trois sections : supérieure, moyenne et inférieure. Un autre muscle de la poitrine, le dentelé antérieur, qui longe la cage thoracique, tourne l'omoplate vers l'avant (antéversion).

Certains exercices sont destinés à travailler des parties précises de la poitrine. Bien que celle-ci semble relativement stable, elle constitue le centre de six types de mouvements principaux permettant de déplacer librement l'articulation de l'épaule :

- Abduction
- Adduction
- Extension
- Flexion
- Rotation interne
- Rotation externe
- Circonflexion

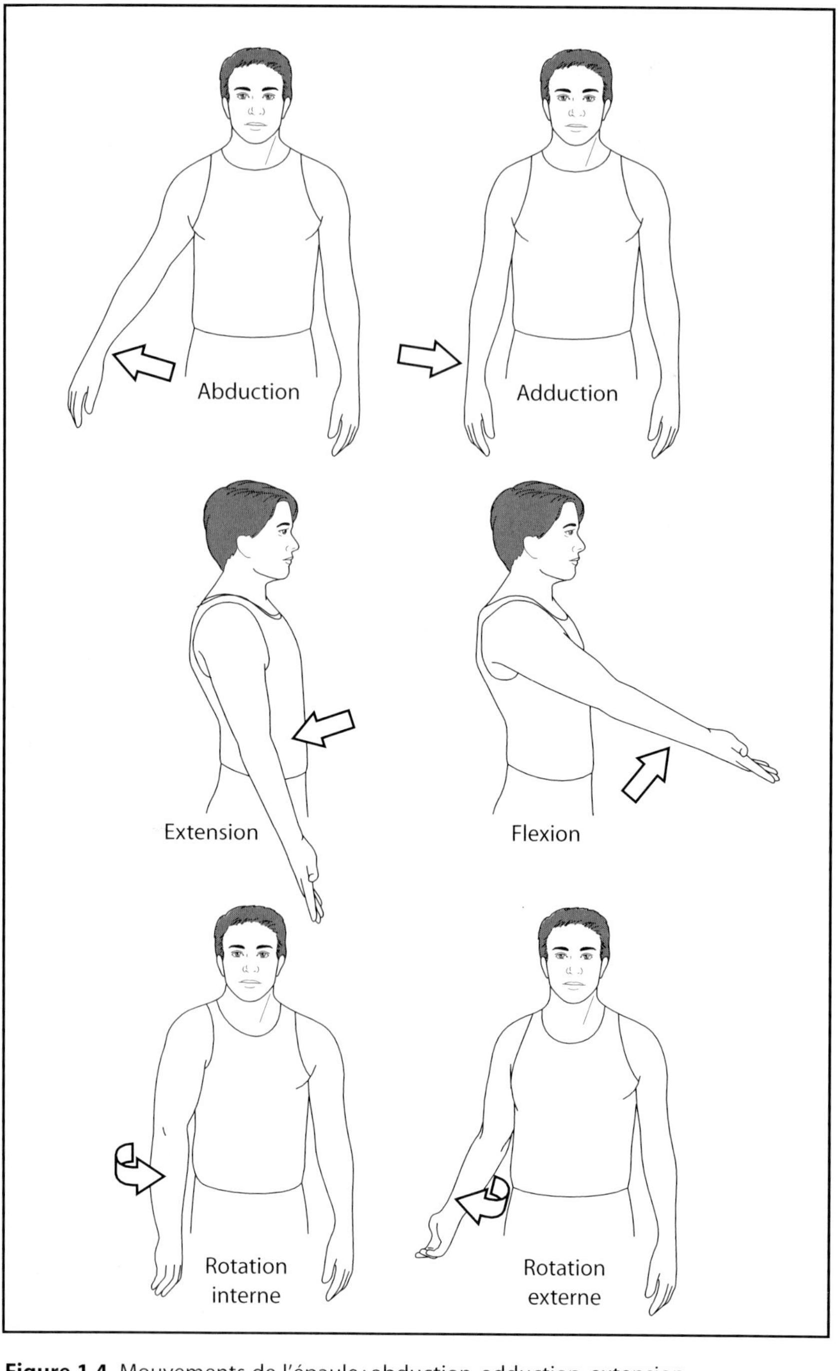

Figure 1.4 Mouvements de l'épaule : abduction, adduction, extension, flexion, rotation interne et rotation externe.

Épaules

Le deltoïde, le plus gros muscle du bras, forme un triangle qui définit le galbe de l'épaule. Avec la coiffe des rotateurs, il participe aux mouvements de poussée, de traction et de rotation du bras, grâce à l'importante souplesse articulaire de l'épaule. Il fait surtout l'abduction, la flexion et l'extension du bras (revoir la **figure 1.4**).

Le deltoïde est en trois faisceaux. Le faisceau antérieur s'attache sur la clavicule, le faisceau moyen sur le bord externe de l'acromion et le faisceau postérieur sur le versant inférieur du bord postérieur de l'omoplate. Ils entraînent différentes actions :

- Adduction (faisceau antérieur)
- Abduction (faisceau moyen)
- Extension (faisceau antérieur)
- Flexion (faisceau antérieur)
- Rotation interne (faisceau antérieur)
- Rotation externe (faisceau postérieur)

Biceps

Le groupe du biceps se trouve sur le bras. Il est composé de quatre muscles : le biceps brachial, le brachial antérieur, le brachioradial et le rond pronateur, tous sollicités dans la flexion du coude (voir **figure 1.5**). Deux termes sont couramment employés pour décrire les mouvements des biceps : la supination et la pronation (voir **figure 1.6**). La *supination* fait référence au mouvement de rotation externe des os de l'avant-bras (cubitus et radius) depuis l'articulation du coude, en tournant la paume de la main vers le haut. La *pronation* définit le mouvement de rotation interne du cubitus et du radius depuis l'articulation du coude, en tournant la paume vers le bas. Voici les fonctions spécifiques de chacun de ces muscles :

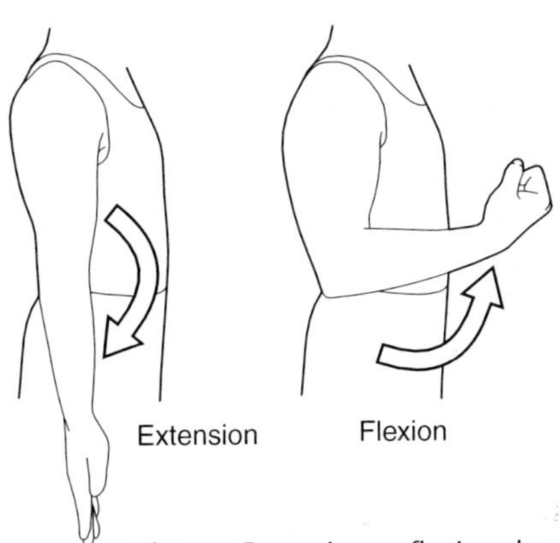

Fig.1.5 Extension et flexion de l'articulation du coude.

- Biceps brachial : flexion de l'articulation du coude, supination du bras.

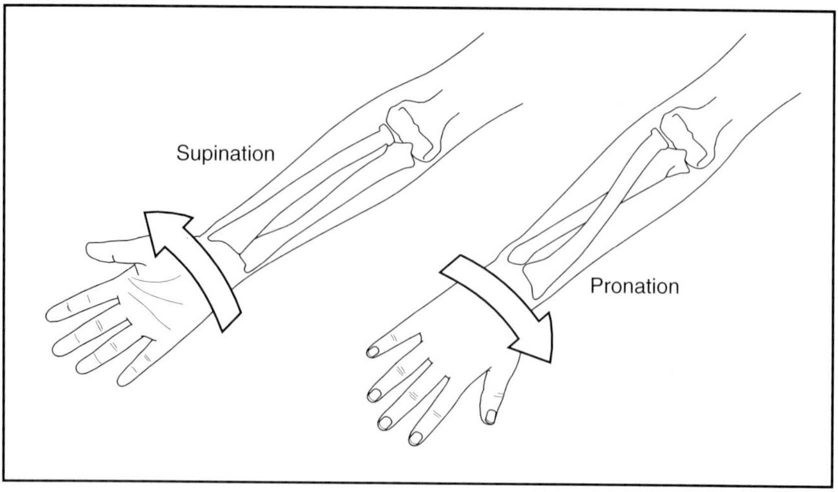

Figure 1.6 Pronation et supination du coude et du poignet.

- Brachial antérieur : flexion de l'articulation du coude ; muscle principal dans une position de pronation.
- Brachioradial : flexion de l'articulation du coude.
- Rond pronateur : flexion de l'articulation du coude, pronation du bras.

Triceps

La fonction principale du biceps consiste à fléchir l'avant-bras au niveau de l'articulation du coude, et celle du triceps à l'étendre (voir **figure 1.5**). Le groupe du triceps, situé sur la face postérieure du bras, est composé du triceps brachial (formé de trois portions : longue portion, vaste externe et vaste interne) et de l'ancôné.

Le vaste externe naît de la face postérieure de l'humérus. La longue portion s'attache sur l'omoplate et se termine au-dessous de la moitié de l'humérus sur le tendon commun. Le vaste interne, recouvert par la longue portion, s'attache sur l'articulation du coude. Le triceps brachial et l'ancôné participent au mouvement suivant :

- Vaste externe : extension de l'articulation du coude.
- Vaste interne : extension de l'articulation du coude.
- Longue portion : extension de l'articulation du coude.
- Ancôné : extension de l'articulation du coude.

La coiffe des rotateurs

La coiffe des rotateurs, située sous le deltoïde dans la région de l'épaule, comprend quatre muscles : le sus-épineux, le sous-épineux, le petit rond et le sous-scapulaire, dont la fonction consiste, entre autres, à stabiliser l'épaule. En fait, ils maintiennent la tête de l'humérus (os du bras) dans la cavité glénoïde (cavité articulaire de l'épaule). Cette cavité relativement plate ne pourrait assurer la stabilité de l'articulation de l'épaule sans l'aide des muscles et des tendons de la coiffe des rotateurs.
Ces muscles entraînent aussi trois mouvements de rotation de l'articulation de l'épaule :

- Rotation externe (sous-épineux, petit rond)
- Rotation interne (sous-scapulaire)
- Abduction (sus-épineux)

Avant-bras

Les muscles de l'avant-bras sont divisés en trois couches dont chacune permet de fléchir et de tendre le poignet, la main et les doigts.
Pour examiner le fonctionnement de l'avant-bras, on peut en séparer les muscles en deux catégories : les fléchisseurs et les extenseurs.

Voici les fléchisseurs du poignet, de la main et des doigts :

- Fléchisseur profond
- Long fléchisseur du pouce
- Fléchisseur superficiel
- Fléchisseur cubital du carpe
- Fléchisseur radial
- Grand palmaire

Voici les extenseurs du poignet, de la main et des doigts :

- Long extenseur
- Court extenseur
- Extenseur de l'index
- Extenseur cubital
- Extenseur du petit doigt
- Extenseur des doigts
- Long extenseur radial
- Court extenseur radial
- Long abducteur du pouce

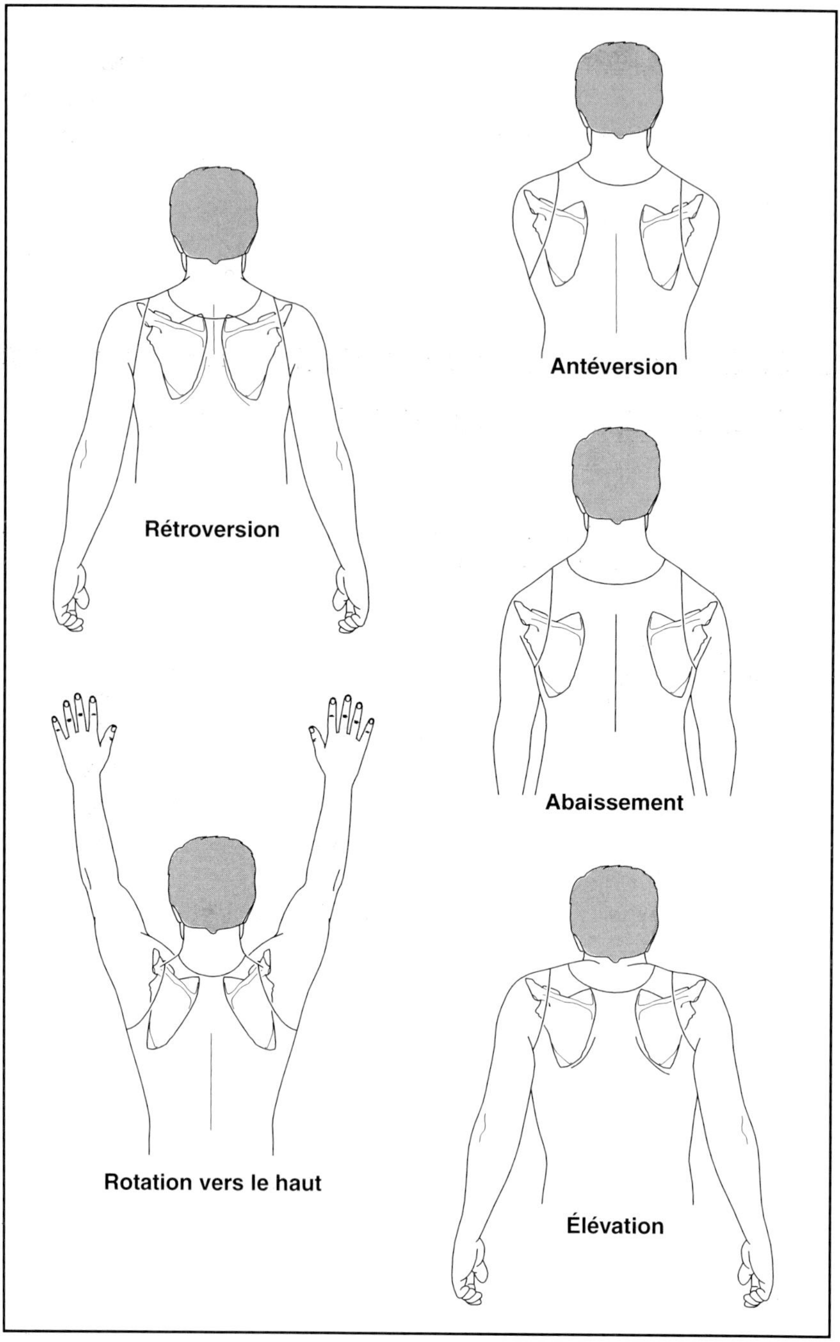

Figure 1.7 Mouvements de l'épaule : abaissement, élévation, antéversion, rétroversion et rotation vers le haut.

Haut du dos

La région du haut du dos comprend sept muscles dont les deux fonctions sont les suivantes : stabiliser et mouvoir l'omoplate (voir ci-dessous). Tous ces muscles sont sollicités principalement dans les mouvements de rétroversion, d'antéversion, d'élévation, d'abaissement et de rotation de l'omoplate (voir **figure 1.7**). Les omoplates, situées sur la partie postérieure du thorax, ne s'attachent pas à la colonne vertébrale ; leur maintien est assuré par les muscles du haut du dos et par la coiffe des rotateurs.

- Grand dorsal : adduction et abduction de l'articulation de l'épaule
- Trapèze : rétroversion, élévation, abaissement et rotation vers le haut de l'omoplate
- Grand rhomboïde : rétroversion de l'omoplate
- Petit rhomboïde : rétroversion de l'omoplate
- Angulaire : élévation de l'omoplate
- Dentelé antérieur : antéversion de l'omoplate
- Grand rond : adduction, extension, et rotation interne de l'articulation de l'épaule

Le bas du tronc

Dernière région de la partie supérieure du corps à examiner, la moitié inférieure du tronc est constituée des muscles du bas du dos et des abdominaux, que l'on étudie conjointement parce qu'ils fonctionnent ensemble pour stabiliser le corps, mais on peut les entraîner séparément. Outre l'esthétique, consacrez suffisamment de temps au travail de cette région à l'origine de nombreux mouvements et positions de la partie supérieure du corps dont elle assure la *stabilité*.

Les muscles du bas du dos sont les suivants :

- Grand psoas
- Carré des lombes
- Groupe spinal
- Muscle érecteur du rachis

Les muscles de la région abdominale sont les suivants :

- Muscle transverse de l'abdomen
- Muscle grand droit de l'abdomen
- Obliques internes
- Obliques externes

Les abdominaux et les muscles du bas du dos permettent de stabiliser, de tourner, de fléchir et d'étendre le tronc.

Comment s'entraîner

Après avoir présenté les muscles de la moitié supérieure du corps, il convient d'aborder les principes du travail de résistance. Comment s'entraîner pour développer la forme fonctionnelle ? Comment réduire les risques de blessures au minimum ?

Comment optimiser ses performances au travail ou dans ses loisirs ? Bien qu'aujourd'hui les réponses à ces questions semblent simples, elles ont nécessité de nombreuses recherches. Après dix années d'analyse en trois dimensions des mouvements d'athlètes des deux sexes dans tous les sports, BioKinetics détermina en mille images par seconde l'efficacité optimale des positions et des mouvements corporels. En complément, les protocoles de préparation physique visant à corriger les positions à adopter et les mouvements à effectuer, quelle que soit l'activité engagée, proviennent des recherches menées actuellement par Functional Paradigms.

Toute faiblesse musculaire entrave le développement d'une force optimale, comme nous l'avons constaté dans des applications cliniques et pratiques sur la répétition de mouvements avec des charges de travail. Dans nos activités quotidiennes, nous assimilons, dirigeons et dépensons de l'énergie des pieds à la tête. Tout mouvement physique implique une distribution *ordonnée* d'énergie cinétique vers les muscles.

L'entraînement à la force consiste à exécuter des mouvements physiques spécifiques contre une résistance, qui surchargent séquentiellement le muscle de liens d'énergie cinétique. Et avec la répétition, il s'avère que dépenser de l'énergie *sans respecter une suite ordonnée d'opérations entraîne toujours des blessures.*

Contre les lésions dues à l'exécution de mouvements répétitifs, n'oubliez pas que le tissu musculaire représente la première ligne de défense du corps, avant les articulations et le tissu conjonctif, et l'ossature.

Une tendinite ou un hygroma (inflammation des bourses séreuses) résulte de positions ou de mouvements incorrects, ou d'une insuffisance de force et d'endurance musculaires. Il en va de même pour les fractures de fatigue, les exostoses et les fragmentations osseuses.

Cela vous intrigue ? C'est normal ! Nous allons montrer comment développer la forme fonctionnelle (au travail ou dans les loisirs) en renforçant les bras et le haut du corps à partir de 3 positions, de 3 mouvements et de 3 types de travail de résistance (voir **tableau 1.1**).

Étudiez le **tableau 1.1** en considérant le travail de souplesse comme une sorte de yoga qui remplace les étirements traditionnels. Bien qu'il s'agisse d'une simplification, la résistance en chaîne ouverte consiste à effectuer des mouvements isolés (par exemple, une extension de jambe sur machine en position assise). D'un autre côté, l'entraînement en chaîne fermée coordonne des mouvements qui mobilisent plusieurs articulations (et le poids du corps) comme le squat, les fentes avec haltères, les pompes ou le balancement sur une jambe.

Trois positions	Trois positions	Trois types de travail
1. Droite 2. Supination 3. Pronation	1. Linéaire 2. Circulaire 3. Angulaire Dans trois plans de mouvement : 1. Sagittal 2. Transversal 3. Frontal	1. Souplesse intégrée : travail sur l'ADM 2. Chaîne fermée : utilisation du poids corporel 3. Chaîne ouverte : *Synergiques* • Haltères légers • Corde • Médecine-ball *Agonistes* • Machine • Poids libres

Tableau 1.1

Les exercices en chaîne fermée impliquent une suite de mouvements coordonnés (sollicitant tout le corps pour la plupart). Ils se rapprochent donc plus des performances réelles. Par exemple, le squat (accroupissement) fait travailler les hanches, les genoux puis les chevilles.

Ces exercices nécessitent au moins une main (ou un pied) en contact avec le sol. Ils développent les groupes musculaires principaux, mais aussi les muscles de soutien au niveau des articulations. On peut les associer efficacement à la pratique sportive. Les exercices en chaîne ouverte (curl de biceps, extension des triceps) ne demandent pas de contact avec le sol. Ils sollicitent les muscles avec des mouvements moins comparables à ceux de la vie quotidienne ou des sports. Les muscles synergiques, agonistes et antagonistes participent aux trois types de travail de résistance, mais plus spécifiquement en chaîne ouverte (en rééducation et préparation).

Dans l'introduction, nous vous avons demandé si vous cherchiez à mincir ou à gagner en masse musculaire. Quel que soit votre choix, vous réussirez à atteindre la forme fonctionnelle si vous recherchez l'équilibre musculaire, concept que nous détaillons dans le chapitre suivant.

Pour améliorer la souplesse et l'intégrité articulaire, travaillez en amplitude maximale. Préparez les tendons, les ligaments et les petits muscles (synergiques) en vous exerçant avec des haltères légers, une corde, un médecine-ball, et avec le poids de votre corps.

D'un autre côté, pour travailler les muscles moyens et gros (agonistes ou muscles principaux), on s'entraîne sur des machines et avec des charges libres plus lourdes. Une fois vos objectifs déterminés (équilibre hypertrophique, des bras plus forts, forme fonctionnelle...), vous êtes prêt à commencer l'entraînement, mais n'oubliez pas de le faire correctement !

CHAPITRE 2

GUIDE D'ENTRAÎNEMENT

Un programme de résistance bien exécuté doit permettre au corps de réaliser des adaptations (notamment au niveau du squelette, du tissu conjonctif et des systèmes cardio-respiratoire, immunitaire, endocrinien et neuro-musculaire). Ce type de programme commence avec le principe de surcharge.

Ce principe élémentaire, auquel les physiologistes de l'exercice accordent beaucoup d'importance, consiste à augmenter l'effort à fournir par un muscle de façon à l'habituer à supporter davantage de tension et de charge.

Cependant, pour tirer des bienfaits de l'entraînement, quels que soient vos objectifs, sachez que le corps s'adapte jusqu'à un certain point. Lorsque ce processus cesse, n'augmentez pas la tension ni la charge, sinon vous perdrez les premiers bénéfices de votre travail de résistance. Doit-on alors soulever constamment des charges très lourdes pour ne pas enrayer ce processus ? Pas du tout ! Les phénomènes d'adaptation continuent, à condition de diversifier les techniques d'entraînement (poids libres, machines, utilisation du poids corporel), de modifier certaines variables et de choisir des positions et des mouvements en conséquence. Pour maintenir indéfiniment un niveau de forme optimal, il suffit d'effectuer 70 % du travail qu'il a fallu pour en arriver là, en combinant les programmes d'entraînement utilisés, ce qui permet d'apprécier davantage les séances, puisqu'on évite ainsi la monotonie.

Comment le corps s'adapte au travail de résistance

Ce chapitre traite des principales adaptations du corps au travail de résistance. Après un bref examen des réactions du corps, nous présenterons des conseils et des variables d'entraînement, ainsi que quelques adaptations spécifiques.

Le tissu musculaire

L'hypertrophie définit la transformation du tissu musculaire qu'entraîne un travail de résistance. Quand on place un muscle sous tension, ses fibres grossissent pendant un moment pour s'adapter. Le travail de résistance n'augmente pas le nombre de fibres d'un muscle spécifique, mais le *volume* de chacune.
La musculation ne permet donc pas de développer de nouvelles fibres musculaires, mais seulement la taille de celles qui existent. L'hypertrophie correspond précisément à l'augmentation du diamètre de chaque fibre musculaire et du nombre de myofibrilles qu'elles contiennent.

Le tissu conjonctif

Les tendons et les ligaments (tissu conjonctif) s'adaptent aussi progressivement au travail de résistance. Le tissu conjonctif est essentiellement composé d'un solide réseau de fibres collagènes qui résistent au déchirement. L'élastine, autre composant du tissu conjonctif, permet un certain degré d'étirement et d'amplitude de mouvement à l'intérieur et autour des articulations. Avec le temps, le travail de résistance entraîne un accroissement général du nombre, du diamètre et de la densité des fibres collagènes. Le taux d'élastine augmente proportionnellement au gain de force musculaire de façon à maintenir l'intégrité des articulations.

L'ossature

Le squelette s'adapte au travail de résistance par un processus appelé *modelage osseux*. Les charges influent progressivement sur les tissus musculaires, conjonctifs, mais aussi osseux, par un transfert cellulaire qui provoque la minéralisation des fibres, augmentant ainsi la densité et le diamètre des os. En d'autres termes, soumise à des charges de travail, l'ossature développe davantage de capacités de résistance.

Bien sûr, un entraînement incorrect ou de longues périodes de repos entravent fortement toutes ces adaptations corporelles. Sans un protocole d'entraînement adapté, l'augmentation du métabolisme freine aussi les adaptations fonctionnelles. Celles qui se produisent en dehors d'un processus physiologique normal sont aussi dangereuses pour la santé qu'aucune adaptation.
Nous allons maintenant expliquer comment améliorer le système musculaire grâce au travail de résistance, en fonction d'un besoin ou d'un objectif particulier.

Composantes de l'entraînement à la force

L'exercice permet d'améliorer les quatre composantes de l'entraînement à la force : la force, l'endurance, la puissance et l'équilibre musculaires, que nous étudierons ensuite séparément, mais n'oubliez pas que l'on peut choisir d'en travailler une seule, deux ou toutes.
Les culturistes, les adeptes du *fitness* et les sportifs doivent tous comprendre les principes de force, d'endurance, de puissance et d'équilibre. Cependant, il faut tenir compte des différences entre ces trois catégories. Les adeptes du *fitness* cherchent surtout à être en forme, en s'entraînant régulièrement, à une intensité modérée et avec des charges moyennes, et en s'efforçant d'atteindre un équilibre musculaire et d'éviter les blessures. Les culturistes souhaitent aussi développer une musculature harmonieuse, mais de façon plus spectaculaire. Ils s'entraînent donc avec des charges plus lourdes, plus souvent et plus intensément.
Quant aux sportifs, ils travaillent complètement différemment. En effet, leur entraînement consiste à reproduire les mouvements précis des sports qu'ils pratiquent, sans se soucier autant de la taille ou de la symétrie des muscles. Un athlète doit commencer par analyser les positions et les mouvements spécifiques de son sport, puis organiser son entraînement selon les parties du corps à solliciter. Déterminez d'abord si le sport qui vous intéresse nécessite davantage d'endurance, de force ou de puissance.

Gardez à l'esprit les remarques précédentes quand vous lirez les sections suivantes et le reste du livre. Les derniers chapitres détaillent chaque type d'entraînement.

Force musculaire

On développe sa *force musculaire*, capacité de fournir un effort maximum à un moment donné, grâce au travail de résistance, en effectuant des séries d'exercices spécifiques que l'on répète un certain nombre de fois avec des charges bien précises.

En général, on choisit une charge que l'on peut soulever entre 8 et 12 répétitions par série.

Endurance musculaire

L'*endurance musculaire* est la capacité de produire une force (et de contracter les muscles) plus longtemps.

En général, les programmes de résistance destinés à travailler l'endurance nécessitent un nombre élevé de répétitions (au moins 15 par série d'exercices).

Puissance musculaire

La *puissance musculaire* associe la force et la vitesse. Il s'agit de la capacité de produire une force maximale pendant un moment donné. La puissance fait référence à l'exécution d'un mouvement en un temps précis ou, dans la plupart des cas, le plus vite possible.

Ceux qui s'entraînent à la puissance parviennent à soulever des charges lourdes très rapidement. Ce type d'entraînement exige un nombre très faible de répétitions, généralement entre 3 et 5 par série d'exercices.

Équilibre musculaire

Pour être équilibré du point de vue musculaire, il faut une « parité hypertrophique », c'est-à-dire un équilibre des rapports entre la force, l'endurance, la puissance et la souplesse dans ses activités quotidiennes.

Travailler l'équilibre implique d'accomplir des répétitions et des séries (selon votre tolérance) qui sollicitent proportionnellement les différents muscles agonistes, antagonistes et synergiques, davantage en en coordonnant les actions qu'en les isolant. Les *agonistes*, directement responsables des actions concentriques, sont également appelés groupes musculaires principaux. Par exemple, quand on fléchit l'avant-bras (pour faire un curl de biceps), le biceps est l'agoniste. Un *antagoniste* se relâche lors de la contraction de son agoniste. Dans l'exemple précédent, le triceps est l'agoniste du biceps. Les *muscles synergiques*, qualifiés aussi de groupes musculaires secondaires, sont indirectement mobilisés. Ils soutiennent les agonistes et les antagonistes lorsque ceux-ci initient le mouvement.

Nous insistons fortement sur ce principe d'équilibre avec tous nos élèves. Les protocoles incluent d'autres séries et répétitions qui font travailler les muscles moins « séduisants », à savoir les muscles synergiques, comme la coiffe des rotateurs (sus-épineux, sous-épineux, petit rond et sous-scapulaire), les rhomboïdes et le muscle érecteur du rachis. Exercer ces muscles en vaut la peine car cela permet de se fortifier plus efficacement en réduisant les risques de blessures.

Pour résumer, on peut s'entraîner pour s'améliorer dans un domaine spécifique ou en combinant la force, l'endurance, la puissance et l'équilibre.

Variables d'entraînement

Chaque type d'entraînement comporte une quantité spécifique de répétitions et de charges, ainsi que plusieurs *variables*.

Avec le travail de résistance, on associe cinq variables qui influent sur les objectifs d'entraînement: la charge, l'intensité, le volume, la durée et la fréquence, dont nous allons examiner la contribution de chacune.

Charge

La charge, le poids employé pour chaque répétition, varie d'un exercice à l'autre, et d'une personne à l'autre.

Il n'existe pas de règles fondamentales à suivre pour déterminer les charges spécifiques de certains exercices. Chaque individu doit en évaluer le poids en fonction de ses besoins.

Intensité

L'intensité correspond à la puissance fournie pour exécuter un exercice (entre 0 et 100 %), ou au travail par unité de temps (charge et vitesse d'exécution du mouvement). On la calcule plus facilement par rapport à

la capacité d'exercer son maximum de force au cours d'un effort unique (1RM ou Maxi). Les niveaux d'intensité diffèrent en ce qui concerne l'endurance, la force et la puissance musculaires.
Dans cet ouvrage, vous trouverez des renseignements destinés à vous aider à déterminer votre 1RM pour certains exercices, ce qui vous donnera les équivalents en niveaux d'intensité.

Volume

Le volume, autre variable d'entraînement, définit la quantité totale de poids soulevé pour un exercice (charge **x** répétitions). Par exemple, effectuer trois séries de développés couché en soulevant une charge de 90 kg cinq fois par série donne un volume total de 1 350 kg pour cet exercice. On peut calculer le volume d'une seule série, d'une séance ou de plusieurs.
En général, ceux qui travaillent la résistance, comme les culturistes et les sportifs qui développent leur force (avec des barres olympiques) soulèvent des volumes importants pour augmenter la taille et la force de leurs muscles. D'un autre côté, le volume d'entraînement des sports d'endurance (natation, triathlon) et des activités de *fitness*, dont les objectifs diffèrent, est plus faible.

Durée

Le temps passé entre chaque série d'exercice correspond à la durée. Cette variable d'entraînement fait référence à l'*intervalle de repos* entre les séries d'un exercice, et non au temps consacré à l'exécution d'un soulevé spécifique. N'oubliez pas ce principe. Si vous effectuez trois séries de curls de biceps avec un temps de repos d'une minute, vous ferez davantage travailler ce muscle en réduisant ce temps à 30 secondes pendant la séance suivante.
La dernière variable d'entraînement est la fréquence. En général, les culturistes s'entraînent plus souvent que les adeptes du *fitness*, et aussi souvent que les sportifs, voire moins, car ces derniers consacrent davantage de temps à des activités qui reproduisent les mouvements spécifiques des sports qu'ils pratiquent. Les adeptes du *fitness* ont tendance à moins travailler la résistance.
Modifier l'ensemble ou chacune de ces variables permet d'intensifier une séance d'une manière globale. Par exemple, on peut augmenter la charge et/ou l'intensité de chaque série. Les cinq variables favorisent les pro-

grès, à condition d'en déterminer le rôle dans un entraînement à la force, à l'endurance, à la puissance et à l'équilibre. Pour évaluer correctement la charge, le volume, l'intensité et la durée, il suffit de revoir les renseignements sur l'hypertrophie, l'endurance et la puissance.

Utiliser son maximum de force au cours d'un effort unique

Le **tableau 2.1** indique le *nombre maximum de répétitions* (RM) à effectuer avec une charge, et la *répétition maximale au cours d'un effort unique (1RM)*, c'est-à-dire la charge la plus lourde que l'on peut soulever une seule fois. Ce tableau vous aidera à choisir un programme d'entraînement.

Tout travail de résistance se situe dans la zone entre le RM et le Maxi (1RM). Ce tableau permet de calculer son 1RM et sa *zone d'entraînement* (pourcentage du 1RM auquel vous souhaitez vous exercer pour atteindre des objectifs spécifiques). Le pourcentage du 1RM des programmes d'endurance musculaire est moins élevé que ceux d'entraînement à la force.

Tableau 2.1 DÉTERMINER RM ET 1RM

% du 1RM :	**100**	**93,5**	**91**	**88,5**	**86**	**83,5**	**81**	**78,5**	**76**	**73,5**
Répétitions :	**1**	**2**	**3**	**4**	**5**	**6**	**7**	**8**	**9**	**10**
Poids soulevé (kg)	0	0	0	0	0	0	0	0	0	0
	2,2	2,1	2	2	1,9	1,9	1,8	1,7	1,7	1,6
	4,5	4,3	4,1	4	3,9	3,8	3,7	3,6	3,4	3,3
	6,8	6,3	6,2	6	5,8	5,7	5,5	5,3	5,2	5
	9	8,5	8,2	8	7,8	7,6	7,3	7,1	6,9	6,6
	11,3	10,6	10,3	10	9,7	9,5	9,2	8,9	8,6	8,3
	13,6	12,7	12,4	12	11,7	11,4	11	10,7	10,3	10
	15,9	14,8	14,5	14	13,6	13,2	12,9	12,4	12	11,6
	18,1	17	16,5	16	15,6	15,1	14,7	14,2	13,8	13,3
	20,4	19,1	18,6	18	17,5	17	16,5	16	15,5	15
	22,7	21,2	20,6	20	19,5	18,9	18,3	17,8	17,2	16,7
	25	23,3	22,7	22	21,4	20,8	20,2	19,6	18,9	18,3
	27,2	25,4	24,8	24	23,4	22,7	22	21,3	20,6	20
	29,5	27,6	26,8	26	25,3	24,6	23,9	23,1	22,4	21,6
	31,7	29,7	28,9	28,1	27,3	26,5	25,7	24,9	24,1	23,3
	34	31,8	31	30,1	29,2	28,4	27,6	26,7	25,8	25
	36,3	33,9	33	32,1	31,2	30,3	29,4	28,5	27,6	26,6
	38,5	36	35,1	34,1	33,1	32,2	31,2	30,2	29,3	28,3
	40,8	38,2	37,1	36,1	35,1	34,1	33	32	31	30
	43	40,3	39,2	38,1	37	36	34,9	33,8	32,7	31,6

45,3	42,4	41,3	40,1	39	37,8	36,7	35,6	34,4	33,3
47,6	44,5	43,3	42,1	40,9	39,8	38,6	37,3	36,2	35
49,9	46,6	45,4	44,2	42,9	41,7	40,4	39,2	37,9	36,7
52,1	48,7	47,5	46,2	44,8	43,5	42,2	40,9	39,6	38,3
54,4	50,9	49,5	48,1	46,8	45,4	44	42,7	41,3	40
56,7	53	51,6	50,1	48,7	47,3	45,9	44,5	43	41,7
58,9	55,1	53,6	52,2	50,7	49,2	47,7	46,3	44,8	43,3
61,2	57,2	55,7	54,2	52,6	51,1	49,6	48	46,5	45
63,5	59,4	57,8	56,2	54,6	53	51,4	49,8	48,2	46,6
65,7	61,5	59,8	58,2	56,5	54,9	53,3	51,6	50	48,3
68	63,6	61,9	60,2	58,5	56,8	55,1	53,4	51,7	50
70,3	65,7	64	62,2	60,4	58,7	56,9	55,2	53,4	51,6
72,6	67,8	66	64,2	62,4	60,6	58,8	56,9	55,1	53,3
74,8	70	68,1	66,2	64,3	62,5	60,6	58,7	56,9	55
77,1	72,1	70,1	68,2	66,3	64,4	62,4	60,5	58,6	56,7
79,4	74,2	72,2	70,2	68,2	66,2	64,3	62,3	60,3	58,3
81,6	76,3	74,3	72,2	70,2	68,1	66,1	64	62	60
83,9	78,4	76,4	74,2	72,1	70	68	65,8	63,8	61,7
86,2	80,6	78,4	76,3	74,1	72	69,8	67,7	65,5	63,3
88,4	82,7	80,5	78,3	6	73,8	71,6	69,4	67,2	65
90,7	84,8	82,5	80,3	78	75,7	73,4	71,2	68,9	66,7
93	86,9	84,6	82,3	79,9	77,6	75,3	73	70,6	68,3
95,2	89	86,7	84,3	81,9	79,5	77,1	74,8	72,4	70
97,5	91,1	88,7	86,3	83,8	81,4	79	76,5	74,1	71,6
99,8	93,3	90,8	88,3	85,8	83,3	80,8	82,8	75,8	73,3

%du 1RM :	100	93,5	91	88,5	86	83,5	81	78,5	76	73,5
Répétitions :	**1**	**2**	**3**	**4**	**5**	**6**	**7**	**8**	**9**	**10**
Poids soulevé (kg)	102	95,4	92,9	90,3	87,7	85,2	82,7	80,1	77,5	75
	104,3	97,5	94,9	92,3	89,7	87,1	84,5	81,9	79,3	76,7
	106,6	99,6	97	94,3	91,6	89	86,3	83,6	81	78,3
	108,8	101,8	99	96,3	93,6	90,9	88,2	85,4	82,7	80
	111,1	103,9	101,1	98,3	95,5	92,8	90	87,2	84,4	81,7
	113,4	106	103,1	100,4	97,5	94,7	91,8	89	86,2	83,3
	115,6	108,1	105,3	102,4	99,4	96,5	93,7	90,8	87,9	85
	117,9	110,2	107,3	104,3	101,4	98,5	95,5	92,6	89,6	86,7
	120,2	112,4	109,4	106,3	103,3	100,4	97,4	94,4	91,3	88,3
	122,4	114,5	111,4	108,4	105,3	102,3	99,2	96,1	93	90
	124,7	116,6	113,5	110,4	107,3	104,1	101	97,9	94,8	91,6
	127	118,7	115,6	112,4	109,2	106	102,9	99,7	96,5	93,3
	129,3	120,9	117,6	114,4	111,2	107,9	104,7	101,4	98,2	95
	131,5	123	119,7	116,4	113,1	110	106,5	103,3	99,9	96,7
	133,8	125,1	121,8	118,4	115	111,7	108,4	105	101,7	98,3
	136	127,2	123,8	120,4	117	113,6	110,2	106,8	103,4	100
	138,3	129,3	125,9	122,4	119	115,5	112	108,9	105,1	101,7
	140,6	131,5	127,9	124,4	120,9	117,4	113,9	110,4	106,8	103,3
	142,9	133,6	130	126,4	122,9	119,3	115,7	112,1	108,6	105
	145,1	135,7	132,1	128,4	124,8	121,2	117,5	113,9	110,3	106,7
	147,4	137,8	134,1	130,4	126,8	123,1	119,4	115,7	112	108,3
	149,7	140	136,2	132,5	128,7	125,1	121,2	117,5	113,7	110

151,9	142	138,3	134,5	130,7	126,8	123,1	119,3	115,5	111,7
154,2	144,2	140,3	136,5	132,6	128,8	124,9	121	117,2	113,3
156,5	146,3	142,4	138,5	134,6	130,7	126,8	122,8	118,9	115
158,7	148,4	144,4	140,5	136,5	132,6	128,6	124,6	120,6	116,7
161	150,5	146,5	142,5	138,5	134,4	130,4	126,4	122,4	118,3
163,3	152,7	148,6	144,5	140,4	136,3	132,2	128,2	124,1	120
165,5	154,8	150,7	146,5	142,4	138,2	134,1	129,9	125,8	121,7
167,8	156,9	152,7	148,5	144,3	140,1	135,9	131,7	127,5	123,4
170,1	159	154,8	150,5	146,3	142	137,8	133,5	129,3	125
172,3	161,1	156,8	152,5	148,2	143,9	139,6	135,3	131	126,7
174,6	163,3	158,9	154,5	150,2	145,8	141,5	137	132,7	128,3
176,9	165,4	161	156,6	152,1	147,7	143,3	138,9	134,4	130
179,1	167,5	163	158,6	154	149,6	145,1	140,6	136,1	131,7
181,4	169,6	165,1	160,5	156	151,5	146,9	142,4	137,9	133,3
183,7	171,8	167,2	162,5	158	153,4	148,8	144,2	139,6	135
186	173,9	169,2	164,6	160	155,3	150,6	146	141,3	136,7
188,2	176	171,3	166,6	161,9	157,2	152,5	147,8	143	138,3
190,5	178,1	173,3	168,6	163,8	159	154,3	149,5	144,8	140
192,8	180,2	175,4	170,6	165,8	161	156,1	151,3	146,5	141,7
195	182,4	177,5	172,6	167,7	162,9	158	153,1	148,2	143,4
197,3	184,5	179,6	174,6	169,7	164,7	159,8	154,9	149,9	145
199,6	186,6	181,6	176,6	171,6	166,6	161,6	156,6	151,7	146,7
201,8	188,7	183,7	178,6	173,6	168,5	163,5	158,4	153,4	148,3
204,1	190,8	185,7	180,6	177,5	170,4	165,3	160,2	155,1	150
206,4	192,9	187,8	182,6	177,5	172,3	167,2	162	156,8	151,7

Déterminer RM et 1RM

Il suffit d'avoir un peu d'expérience et d'être bien reposé pour déterminer son RM. Cependant, les débutants manquent parfois de technique, d'équilibre et d'autres caractéristiques neurologiques permettant de le calculer avec précision et en toute sécurité.

Quelle que soit votre expérience, *demandez toujours à un partenaire de vous aider* à évaluer votre 1RM, pour éviter de vous blesser et obtenir un résultat plus précis. Au début, il est préférable d'utiliser une valeur de RM plus élevée pour faire davantage de répétitions avec une charge plus légère. Évaluez votre 1RM à partir d'une valeur-test de 10RM en effectuant d'abord une série de 10 répétitions avec une charge légère. Selon votre facilité à exécuter cette série, augmentez la charge en conséquence pour la série suivante. Par exemple, si vous soulevez aisément 100 kg pendant 10 répétitions, l'augmentation sera importante. Par contre, si vous avez peiné à soulever 90 kg, mais en accomplissant les 10 répétitions, l'augmentation sera faible. Ensuite, exécutez une autre série de 10 répétitions. *Reposez-vous* de 2 à 4 minutes entre les séries afin de récupérer correctement.

Continuez ainsi jusqu'à ce que vous trouviez une charge qui ne vous permette pas d'effectuer plus de 10 répétitions. Pour découvrir votre 10RM en moins de cinq séries, demandez à un entraîneur confirmé de vous assister. Consultez ensuite le **tableau 2.1** et cherchez votre charge dans la colonne 10 répétitions, puis celle sur la même ligne dans la colonne 1RM. Par exemple, 10 répétitions avec 140 kg donnent un 1RM de 190,5 kg. La formule du 1RM marche pour tout le monde, sportif ou non. Que vous soyez culturiste ou footballeur, vous procéderez de la même manière.

Pour commencer un programme d'entraînement, effectuez les exercices entre 8 et 10 répétitions, calculez votre 1RM et déterminez le nombre de répétitions en fonction de vos objectifs.

Précision

Ces tableaux ont suscité des controverses sur leur précision. Ils semblent mieux s'appliquer aux exercices avec charges libres et sollicitant plusieurs articulations qu'à ceux sur machines.

Ils fournissent des indications générales tant que l'on n'a pas développé les qualités neurales et proprioceptives permettant de faire des essais à des RM faibles (c'est-à-dire entre 1RM et 5RM) en toute sécurité et avec précision.

Nombre de répétitions et valeur des charges

On associe le nombre de répétitions, qui varie en fonction des objectifs de l'entraînement, à la valeur des charges (pourcentage de 1RM). Même si nous avons beaucoup simplifié les principes suivants, ils vous aideront à vous souvenir du rapport entre les répétitions, les charges et les objectifs. Un programme avec de nombreuses répétitions, une intensité faible et des volumes importants entraîne une augmentation de *l'endurance* musculaire. Ce type de programme convient très bien aux sportifs qui travaillent l'endurance, comme les nageurs, mais aussi à ceux qui cherchent à améliorer l'endurance de leur système musculaire.

Un nombre moyen de répétitions, une intensité et des volumes modérés entraînent une augmentation de la *force* et de la *taille* des muscles. À part l'intensité, les culturistes ont tendance à s'exercer ainsi, bien qu'ils se soucient moins de la force de leurs muscles que de leur taille.

Un nombre faible de répétitions, une intensité élevée et des volumes peu importants entraînent un accroissement de la *production de puissance* musculaire. Les soulevés de terre et les autres sports qui sollicitent la force (football, épreuves d'athlétisme) visent au développement de la force et la vitesse d'exécution des mouvements avec peu de répétitions et une intensité élevée. Harmonisez les répétitions, l'intensité et les volumes, en fonction de votre tolérance pour vous entraîner de façon équilibrée. (Le **tableau 2.2** détaille comment combiner les types et les variables d'entraînement).

Enfin, vous remarquerez que le **tableau 2.2** n'inclut pas le volume, variable qui dépend de la charge, de l'intensité, des répétitions, des séries et de la fréquence des séances. Le volume, quantité totale de charge soulevée pendant une séance d'entraînement donnée ou plusieurs, fait également référence au nombre total de répétitions et aux différentes charges soulevées pendant une séance.

Pour calculer le volume d'un exercice,
multipliez la charge par le nombre de répétitions et celui de séries :

charge X répétitions X séries = volume

Par exemple, effectuer 3 séries de 10 répétitions avec une charge de 90 kg au développé couché correspond à un volume total de 3 X 10 X 90, c'est-à-dire de 2700 kg. Il existe aussi un rapport inverse entre l'intensité et le volume. Un programme à l'intensité ou aux charges élevées comprend des séances dont le volume total est faible. Quand l'intensité ou les charges sont réduites, le volume total est élevé.

Tableau 2.2
VARIABLES ET TYPES D'ENTRAÎNEMENT
Variable d'entraînement

Types d'entraînement	Charge et intensité	Nombre de répétitions par série	Durée entre les séries (s ou min)	Fréquence des séances (par semaine)
Force/ hypertrophie	70 %-90 %	6-12	30-60 s	4
Endurance	≤ 70 %	≥ 15	≤ 60 s	2-6
Puissance	≥ 90 %	≤ 5	2-3 minutes	2-3
Équilibre	≤ 90 %	≥ 6	≤ 2 min	2-6

Adaptations spécifiques de l'entraînement

Maintenant que vous connaissez mieux les variables du travail de résistance, revoyons le principe de surcharge et les adaptations du corps, dont les trois résultats possibles sont :

- **Positif** : quand la charge d'entraînement provoque une adaptation positive ou une amélioration de la forme physique.
- **Neutre** : quand la charge d'entraînement ne provoque aucune adaptation ni amélioration (voire une perte) de la forme physique.
- **Négatif** : quand la charge d'entraînement provoque une adaptation négative et une diminution de la forme physique.

Utilisez deux stratégies pour empêcher l'adaptation : **(1)** maintenez le même programme d'entraînement en variant la charge et l'intensité, ou **(2)** modifiez les stimulus en changeant de programme.

La spécificité et la spécificité croisée sont des philosophies d'entraînement respectivement basées sur des objectifs de progrès **(1)** personnels et **(2)** dans les domaines du travail et des loisirs. Pour profiter des programmes généraux, adaptez-les à vos buts spécifiques. Nous proposons de nombreux choix d'entraînement. À présent, c'est à vous qu'il incombe d'identifier vos besoins, puis de vous engager à poursuivre un programme d'entraînement en rapport.

Récupération musculaire

La récupération et le travail de résistance vont de pair en suivant des microcycles et des macrocycles. Tout le monde se prépare à l'effort, exécute des tâches et reprend des forces à travers des cycles quotidiens, hebdomadaires, mensuels et annuels de travail ou de loisirs. Les muscles s'affaiblissent pour des raisons chimiques (accumulation d'acide lactique) ou physiologiques (microdéchirures). D'une façon ou d'une autre, il faut que le corps se régénère. L'augmentation du métabolisme peut faciliter ce processus (voir **chapitre 10**), mais tout programme de résistance doit inclure des temps de récupération que nous allons maintenant déterminer en étudiant quelques principes.

Micro- et macrocycles

Dans un travail de résistance, on peut aborder la phase de récupération au niveau d'un microcycle et d'un macrocycle. Le microcycle définit le temps de récupération entre les séries d'exercices d'une séance. Évaluez-le selon la spécificité de l'entraînement. Le **tableau 2.3** donne les temps de récupération corrects d'un microcycle pour travailler la puissance, la force, l'endurance et l'équilibre.

Tableau 2.3
TEMPS DE RÉCUPÉRATION D'UN MICROCYCLE

Types d'entraînement	Temps de récupération
Puissance	3-5 min
Force/hypertrophie	30-60 s
Endurance	30 s ou rapport travail/repos de 1:1
Équilibre	30-60 s ou rapport travail/repos de 1:1

Déterminer la durée du repos

Les périodes de repos entre les séances microcycliques jouent un rôle prépondérant dans l'élaboration d'un programme d'entraînement. Quelques facteurs entrent en jeu dans l'examen des temps de récupération. Le premier consiste à déterminer le type de muscle sollicité.

Taille musculaire. En général, les petits muscles (comme le biceps et le triceps) nécessitent moins de repos que les grands (ceux de la poitrine ou du dos). Un temps de récupération de 24 heures suffit entre des séances qui font travailler les petits muscles, mais pour les grands, il faut parfois compter 48 heures.

Charge ou intensité. Les niveaux d'intensité et de charge d'un programme constituent un autre facteur dont on tient compte pour évaluer le temps de récupération. Plus les charges sont lourdes, plus le temps de récupération entre les séances doit être important. D'ordinaire, il est recommandé de récupérer un minimum de 72 heures quand on s'exerce avec des charges lourdes.

Métabolisme et saisons d'entraînement. Un troisième facteur empêche néanmoins de récupérer « normalement ». Les produits destinés à stimuler le métabolisme (voir **chapitre 10**) réduisent considérablement les temps de récupération de tout exercice. Les programmes annuels doivent être successivement composés de microcycles, de mésocycles et de macrocycles, avec des temps de repos actif pour faciliter la récupération dans et entre chaque cycle. Selon les exigences saisonnières d'un sport particulier, on peut aussi planifier des programmes et des cycles, avec des phases de préparation, d'effort intense et de récupération. Par exemple, on adapte les variables d'un entraînement de musculation, de lancer de poids, de tennis, de base-ball ou de football en fonction des besoins de chaque sport.

N'oubliez pas un dernier point sur les concepts de phases, de cycles et de périodisation. Ne vous laissez pas envahir par la routine. C'est *vous* qui contrôlez votre régime d'entraînement, et non l'inverse. À mesure que vous progressez, faites attention aux sensations que vous éprouvez dans les bras et le haut du corps pour vérifier que vous avez bien planifié votre entraînement.

Chapitre 3

SOUPLESSE FONCTIONNELLE

Considérez la souplesse fonctionnelle comme un moyen de réveiller tout le haut du corps. Il ne s'agit pas d'étirement au sens traditionnel, bien que certains principes y ressemblent, mais d'un « réveil » des tissus musculaires, conjonctifs et articulaires par un travail de résistance isométrique qui consiste à adopter différentes positions spécifiques. L'exercice devient *fonctionnellement intégré*, et non plus isolé, ce qui permet de s'échauffer de façon complète en travaillant la force et la souplesse que nécessitent les activités quotidiennes. Qui plus est, on peut fléchir chaque articulation, tendon et ligament, et tous les muscles petits, moyens et grands, en reproduisant les amplitudes de mouvement (ADM) de son environnement professionnel ou sportif.

Ce programme synthétise les recherches, expériences et applications que nous avons menées en tant qu'entraîneurs sportifs professionnels, mais aussi ce que nous avons appris en Asie, berceau de disciplines allant du yoga aux arts martiaux, grâce à 2000 ans d'expérience des positions et des mouvements. Il est intéressant de noter que la plupart des citoyens japonais effectuent quotidiennement des variations peu intenses de ces positions et mouvements, chez eux et au travail. Cet « étirement du matin », comme ils l'appellent, qui fait partie de leur civilisation (et de leur culture d'entreprise), améliore la productivité au travail et la qualité de la vie.

Souplesse intégrée, ou étirement poussée-traction

N'oubliez pas que le programme que nous recommandons n'inclut pas d'étirements isolés, même s'il en reprend certaines positions classiques. La majorité des positions et des mouvements exige une action de « poussée-traction » des muscles qui soutiennent les tissus conjonctifs. En position immobile, cette poussée-traction crée une contraction musculaire isométrique qui développe la force et l'équilibre en améliorant la souplesse par l'ADM.

La souplesse intégrée élève la température centrale du corps, alimente les muscles et les articulations en sang et en oxygène, et améliore un rapport critique à l'intérieur du corps : l'équilibre entre la force et l'endurance. Il s'agit aussi du seul protocole de votre régime d'entraînement qui autorise l'hyper-flexion et/ou l'hyper-extension. En effet, comme les positions et les mouvements isométriques de poussée-traction sont adaptés à *votre tolérance*, ils équilibrent l'échange fonctionnel d'énergie entre les muscles agonistes, antagonistes et synergiques. Vous serez surpris par le nombre de « points chauds » perceptibles à l'entraînement et par le développement équilibré de la force et de l'endurance des tissus musculaires et conjonctifs qui résulte de l'application de ce principe de poussée-traction dans diverses positions.

Prenez le temps de revoir les illustrations et les explications de ce chapitre, et tenez compte de ces deux avertissements :

- N'oubliez pas que, selon l'intensité, la souplesse intégrée peut suffire à constituer une séance, ainsi qu'à préparer à d'autres protocoles d'entraînement pour la partie supérieure du corps.
- Pour exécuter chaque exercice, articulez correctement les épaules et les coudes (ADM) en fonction des positions et des mouvements requis. Nous vous conseillons *d'utiliser un miroir jusqu'à ce que vous ayez maîtrisé toutes les sensations kinesthésiques.* Maintenir des répétitions (ou des temps) qui n'excèdent pas votre tolérance facilitera le développement de votre forme fonctionnelle.

SCIES

Position

Maintenez les coudes à 90°.

Action

Exécutez ces mouvements, d'avant en arrière, et d'arrière en avant.
Effectuez ces mouvements entre 3 et 10 secondes (ou répétitions).

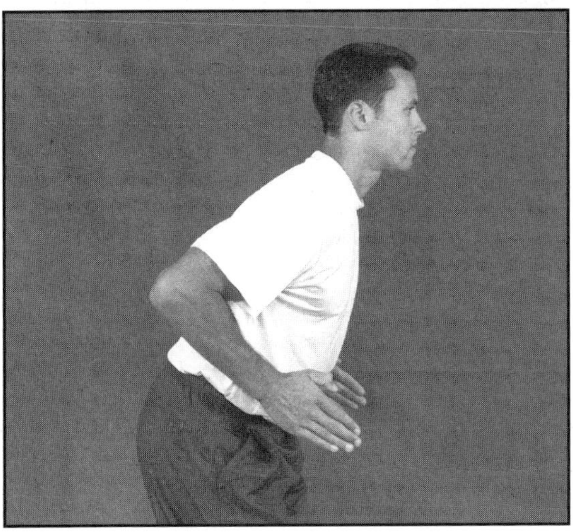

SCIES

Position
Maintenez les coudes à 90°.

Action
Exécutez ces mouvements, de gauche à droite, et de droite à gauche.
Effectuez ces mouvements entre 3 et 5 secondes (ou répétitions).

SCIES

Position
Maintenez les coudes à 90°.

Action
1) Les paumes vers le haut, exécutez ce mouvement avec la main droite au-dessus de la gauche.
2) Les paumes vers le bas, exécutez ce mouvement avec la main droite au-dessus de la gauche.
   Effectuez ces mouvements entre 3 et 5 secondes (ou répétitions).

1)

2)

Définition de la position T-Flex

En position T-Flex, le coude se trouve au niveau de l'épaule, légèrement devant son articulation. Il s'agit d'une position d'intégrité articulaire optimale pour les épaules et les coudes. Les exercices effectués dans cette position, qui ressemble un peu à la façon dont un lanceur doit maintenir les bras et les épaules au base-ball, assouplissent les épaules.

T-FLEX « WHY ME »

Position

Maintenez les bras, les mains et les pouces au même niveau, à l'horizontale (a). Notez que les positions de cet exercice sont les mêmes avec ou sans haltères.

Action

Tendez l'avant-bras comme sur la photo, pouces vers le haut (b) puis vers le bas (c).

Effectuez une série de 3 à 5 répétitions par mouvement.

(a)

T-FLEX (suite)

(b)

(c)

POUSSÉE-TRACTION T-FLEX

Les exercices de poussée-traction peuvent être isométriques ou isocinétiques. Poussez puis tirez, entre trois et cinq répétitions ou secondes, selon votre tolérance, autant de fois qu'il faut pour échauffer les muscles, les tendons et les ligaments des épaules, des coudes, des avant-bras et des mains.

Position

Serrez les mains, en maintenant les avant-bras et les coudes au niveau des épaules.

Action

Poussez-tirez en déplaçant les coudes de droite à gauche.
Poussez-tirez en décrivant des cercles en avant avec les coudes.
Poussez-tirez en décrivant des cercles en arrière avec les coudes.
Poussez-tirez en décrivant des mouvements de nage en avant avec les coudes.
Poussez-tirez en décrivant des mouvements de nage en arrière avec les coudes.
Poussez-tirez, en appuyant de bas en haut avec les coudes qui se touchent devant la poitrine.
Effectuez une série de 3 à 5 répétitions par mouvement.

Position de traction

Position de poussée

POUSSÉE-TRACTION T-FLEX (suite)

Mouvements de nage

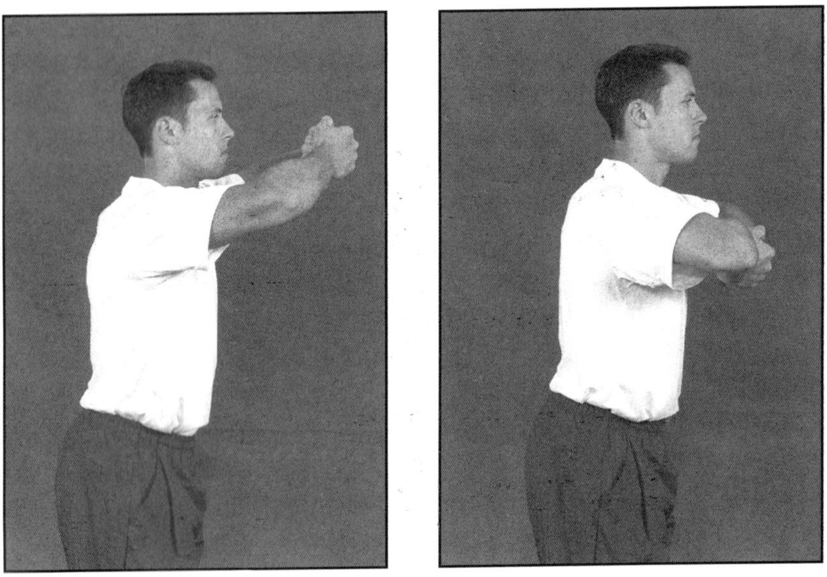

Cercles

ÉLÉVATION DES ÉPAULES

Variez l'exercice d'élévation des épaules en combinant des mouvements rectilignes, circulaires et de nage.

Position

Debout, en élevant les épaules.

Action

1) Élevez les épaules puis abaissez-les.
2) Élevez les épaules d'avant en arrière.
3) Élevez les épaules en faisant des cercles en avant.
4) Élevez les épaules en faisant des cercles en arrière.
5) Élevez les épaules et « nagez » en avant.
6) Élevez les épaules et « nagez » en arrière.

Effectuez une série de 3 à 5 répétitions par mouvement.

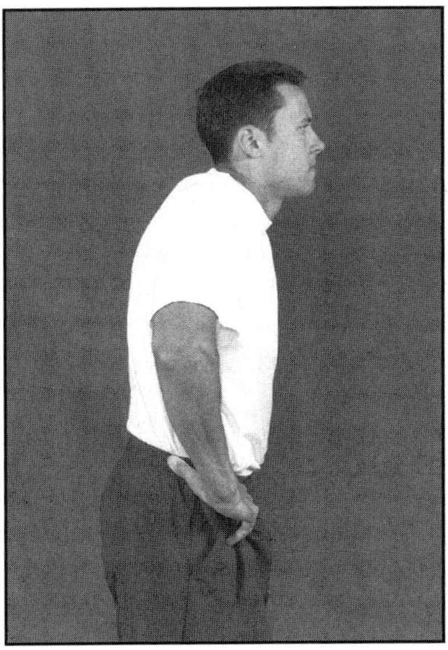

1)

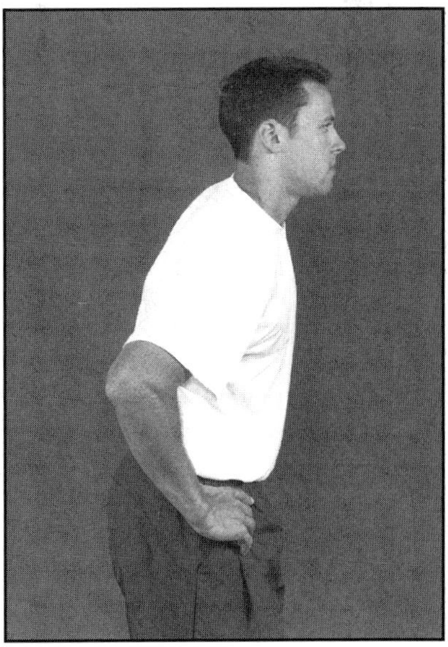

2)

Maintenant que vous avez élevé la température centrale de votre corps avec des exercices d'assouplissement, vous êtes prêt à suivre d'autres protocoles pour vous fortifier les bras et le haut du corps. Le chapitre suivant traite des façons spécifiques de stabiliser les articulations.

CHAPITRE 4

STABILISATION ARTICULAIRE

Le travail d'intégrité ou de stabilisation articulaire associe des protocoles d'exercices en chaîne ouverte et en chaîne fermée (positions et mouvements destinés à stabiliser les tissus articulaires et à développer la force et l'endurance des muscles petits et moyens, ou synergiques, autour des épaules, des coudes et des poignets). « D'accord, » dites-vous, « mais que peut bien signifier un protocole en chaîne ouverte ou en chaîne fermée, et pourquoi dois-je me soucier de la force et de l'endurance de mes muscles synergiques ? ». Les concepts de résistance en chaîne ouverte et en chaîne fermée sont expliqués dans les paragraphes suivants. Bien que ces concepts et leurs applications ne soient pas nouveaux pour les chercheurs, ils sont assez récents dans le monde du *fitness*. Les spécialistes de la santé ont constaté qu'il valait mieux inclure les deux types dans l'entraînement. Les sportifs d'élite ou qui s'exercent tous les jours se blessent rarement aux muscles principalement responsables du mouvement (agonistes et antagonistes), mais plutôt aux muscles secondaires (synergiques) qui facilitent ou soutiennent les mouvements articulaires. N'hésitez pas à revoir les illustrations des tissus musculaires et conjonctifs au **chapitre** 1.

Avantages de s'exercer en chaîne fermée

Pour simplifier, considérez le travail de résistance en chaîne ouverte comme l'exécution de mouvements isolés ; par exemple, une extension de jambe en position assise sur machine. D'un autre côté, l'entraînement en chaîne fermée intègre et coordonne des mouvements qui sollicitent plus d'une articulation (utilisation du poids du corps, squat, fentes, pompes, balancement sur une jambe...).

S'exercer en chaîne fermée présente l'avantage d'intégrer des mouvements musculaires plus proches des performances réelles. La plupart des actions sont des suites ordonnées de mouvements qui sollicitent l'ensemble du corps. Par exemple, le squat fait travailler les hanches, les genoux puis les chevilles.

Les exercices en chaîne fermée nécessitent d'être en appui au sol (avec au moins une main ou un pied). Ils développent les groupes musculaires principaux en stabilisant les muscles au niveau des articulations. Ils permettent également de reproduire à l'entraînement des mouvements sportifs spécifiques. Les exercices en chaîne ouverte (curls de biceps, extension des triceps, etc.) n'exigent pas de contact avec le sol. Ils font gagner en masse musculaire, mais leurs mouvements se rapprochent moins des gestes quotidiens ou sportifs.

La plupart des culturistes axent leur entraînement sur le travail en chaîne ouverte et les muscles principaux, mais tous les sportifs et les adeptes du *fitness* doivent aussi inclure des séances de stabilisation articulaire. Si vous avez déjà souffert de problèmes à l'épaule, au coude ou au poignet, vous devez être conscient qu'il est important d'améliorer la force et l'endurance des muscles synergiques, lesquels favorisent l'exécution d'un plus grand nombre de mouvements répétitifs dans toutes les activités.

Les protocoles en chaîne ouverte que nous conseillons plus loin dans ce chapitre consistent à effectuer des répétitions avec des haltères légers, des cordes élastiques et des médecine-balls. Les protocoles en chaîne fermée utilisent le poids du corps pour augmenter la force, l'endurance et l'équilibre musculaires, avec des positions et des mouvements dans les plans verticaux et horizontaux.

S'entraîner avec le poids de son corps, sans dépasser ses limites, constitue un travail de résistance peu risqué. Les exercices s'effectuent en mode isométrique (application d'une force sans mouvement pendant un temps donné) ou en mode isotonique (déplacement contre une résistance selon une ADM comprise entre 90 et 180°). Variez la résistance en changeant la position des pieds et du nombril, ou du centre de gravité (CG). Dans le plan vertical, avec les pieds sous le CG (pour une position de tirage vers le haut, par exemple), le poids du corps est complètement employé. Dans le plan horizontal, avec les pieds sous le

CG, on utilise 60 % du poids du corps. Quand les pieds sont au niveau du CG, on en sollicite 80 %, et 100 % lorsqu'ils se trouvent au-dessus (pour faire des pompes avec les mains au sol et les pieds surélevés). Ces approximations permettent de déterminer le nombre de répétitions, et donc le volume d'entraînement. Avec ce type d'exercices, on ne peut dépasser son seuil de tolérance, alors qu'avec les charges libres et les machines, changer la position du corps autorise une ou deux répétitions supplémentaires grâce à la mobilisation d'un muscle principal.

Quand on atteint un état de fatigue musculaire, le poids du corps ne peut plus servir de résistance.

Nous avons constaté que les exercices qui utilisent le poids du corps comme résistance, représentent le moyen le plus rapide et *le plus sûr* de développer la parité hypertrophique, c'est-à-dire d'équilibrer la force et l'endurance des tissus. Comme les muscles principaux font rarement (voire jamais) l'objet d'insuffisance fonctionnelle, on peut les travailler ainsi tous les jours, ou les associer aux exercices sur machines et avec poids libres dans un schéma de périodisation, encore une fois sans dépasser ses limites. On peut aussi soulever son corps pour accroître sa masse musculaire, mais il faut y consacrer du temps et un nombre élevé de répétitions. L'ex-champion de football américain, Herschel Walker, a développé une musculature très fonctionnelle sans jamais employer de machines ni de charges libres, mais en faisant quotidiennement des centaines de pompes, de tractions à la barre fixe, de répulsions aux barres parallèles, etc.

Finalement, on peut stabiliser les articulations avec les exercices qui utilisent le poids du corps sans aller dans un club de sport. Vous n'avez besoin que de votre corps et d'un peu d'espace, ce qui offre de nombreux choix d'entraînement : chez vous, au bureau, à l'hôtel ou en vacances. Bien sûr, pour en tirer profit, il faudra vous engager à les effectuer régulièrement, et dans un lieu qui vous procure un minimum de confort.

Exercices en chaîne fermée

Les protocoles d'entraînement suivants comportent des exercices en chaîne fermée qui sollicitent le poids du corps pour développer la force et l'endurance en variant les positions et les mouvements.

1 ÉLÉVATION DES FESSIERS T-FLEX

L'élévation des fessiers est un exercice d'assouplissement qui stabilise les articulations du coude et de l'épaule.

Position

Asseyez-vous sur le sol, les jambes tendues et le dos droit.
Maintenez la tête et les épaules en avant et les coudes fléchis.

Action

Gardez les mains près des hanches, en les orientant 1) vers l'avant, 2) vers l'arrière, 3) vers l'intérieur, et 4) vers l'extérieur, et levez les fessiers entre 5 et 8 cm, en effectuant de 3 à 5 répétitions pour chaque position des mains.

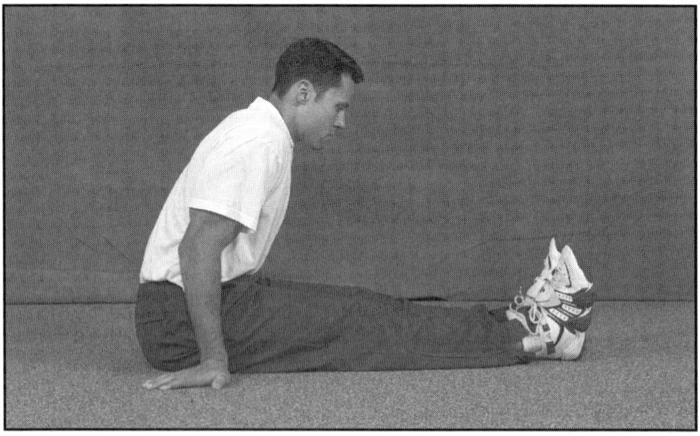

2)

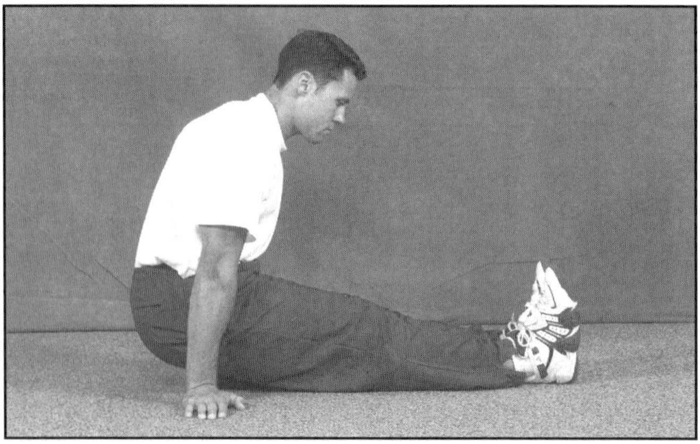

4)

2 POMPES T-FLEX

Il s'agit d'adopter une position T-Flex de base en posant les mains au sol. Faites des pompes T-Flex avec les mains dans trois positions et en sollicitant le corps dans trois plans : incliné vers l'arrière (sur une planche ou en utilisant un dispositif d'élévation pour les mains), horizontal (mains et pieds au sol), et incliné vers l'avant (sur une planche ou en utilisant un dispositif d'élévation pour les pieds).

Position

Adoptez une position de base pour faire des pompes, en plaçant les coudes au niveau des épaules en T-Flex.

Action

1) Effectuez entre 3 et 5 pompes avec les mains en position neutre.
2) Effectuez entre 3 et 5 pompes avec les mains en supination (paumes au sol, dirigées vers le corps).
3) Effectuez entre 3 et 5 pompes avec les mains en pronation (paumes orientées à l'opposé du corps).

2)

2)

3 ÉLÉVATIONS LATÉRALES ET POMPES AVEC UN BRAS

Effectuez cet exercice en plaçant les mains de deux façons.

Préparation

Allongez-vous sur le côté en plaçant l'avant-bras droit ou gauche au sol et l'autre main 1) sur la hanche pour lever et tourner le corps, et 2) au sol pour faire les pompes.

Action

Commencez par lever le corps en sollicitant les muscles du tronc. Maintenez la position, puis tournez les hanches à moitié et ensuite le tronc.
Effectuez entre 3 et 5 répétitions pour chaque position et mouvement.
Ensuite, prenez appui sur votre main au sol et poussez le corps vers le haut en tendant le bras ; vous mobiliserez ainsi les muscles stabilisateurs du bras et de l'épaule.
Effectuez entre 3 et 5 répétitions.

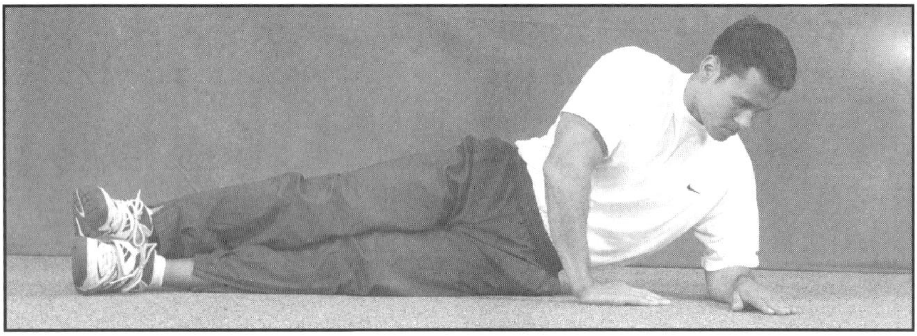

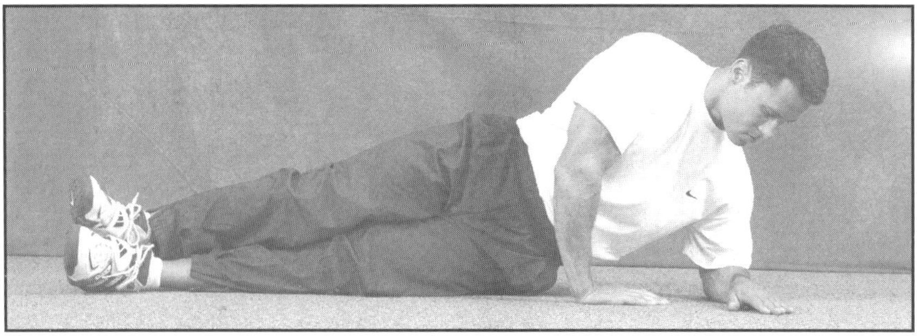

Pompes avec un bras

4 ÉLÉVATIONS DES ÉPAULES AVEC LES COUDES

Faites cet exercice dans quatre positions, avec deux mouvements. Il permet de stabiliser les omoplates. Effectuez des séries de 3 à 5 répétitions.

Position

Allongez-vous au sol sur le dos et placez les mains
1) sur les cuisses,
2) près du nombril,
3) avec les pouces sous les aisselles, et
4) derrière la tête.

Action

Effectuez entre 3 et 5 élévations des épaules, en soulevant les épaules et la tête du sol avec les coudes.
Une fois ce mouvement maîtrisé, vous pouvez aussi rapprocher les omoplates quand la tête et les épaules sont levées.

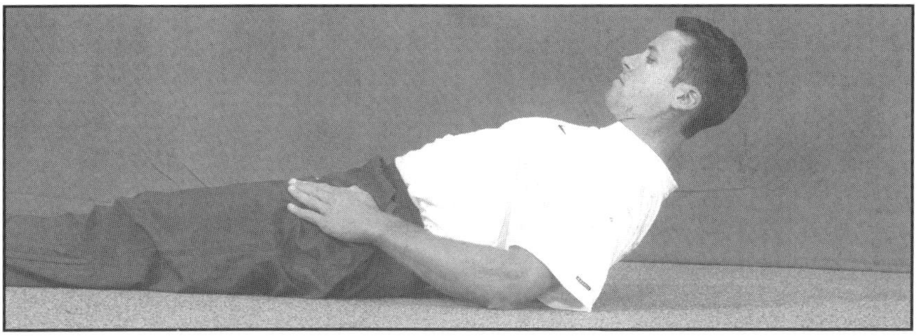

1)

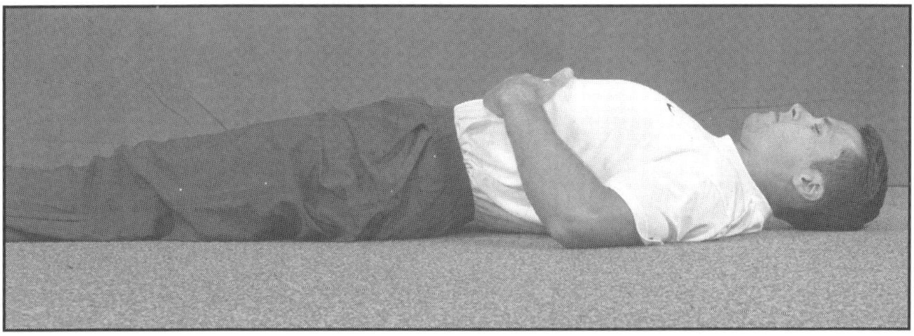

2)

5 ÉLÉVATIONS DES ÉPAULES EN COBRA T-FLEX

Faites cet exercice dans trois positions, avec deux mouvements.

Position

Allongez-vous sur le ventre au sol et levez doucement le tronc de façon à vous appuyer sur les avant-bras. Maintenez le nombril et la moitié inférieure du corps au sol. Imaginez que vous êtes un cobra prêt à attaquer!

Action

1) Adoptez la position du cobra et regardez droit devant vous; élevez les épaules vers l'arrière, en rapprochant puis en écartant les omoplates.
2) Adoptez la position du cobra, tournez la tête et le tronc pour regarder à droite et élevez les épaules vers l'arrière en rapprochant et en écartant les omoplates.
3) Adoptez la position du cobra, tournez la tête et le tronc pour regarder à gauche et élevez les épaules vers l'arrière en rapprochant et en écartant les omoplates.

Effectuez entre 3 et 5 répétitions par mouvement dans chaque position.

1)

Exercices en chaîne ouverte

Le travail de stabilisation articulaire en chaîne ouverte ne demande qu'une brève introduction, voire aucune. Pour que les contractions soient isométriques et isotoniques, effectuez les exercices avec la corde élastique avant ceux avec les haltères légers (ils pèsent entre 1,5 et 4,5 kg). Faites une seule série par exercice avec haltères, entre 3 et 5 répétitions par angle de travail.

Les haltères légers, les cordes élastiques et les médecine-balls sont des instruments familiers, mais on sait bien mieux les utiliser à l'entraînement aujourd'hui. Associer ces exercices aux précédents (poids du corps) favorise beaucoup le développement de la force et de l'endurance des muscles synergiques. Le médecine-ball permet de stabiliser la colonne vertébrale et la région scapulaire, et de renforcer la position T-Flex avec les coudes hauts. Il en résulte aussi une amélioration de l'endurance des petits muscles et du tissu conjonctif.

Exercices avec haltères légers

1 DÉVELOPPÉ ÉPAULES

Préparation

En position debout, avancez la tête par rapport au nombril.
Écartez les pieds d'une distance équivalente à votre largeur d'épaules et fléchissez les genoux.
Tenez les haltères dans les mains avec les bras en position T-Flex.

Action

Tendez les bras de façon à les placer légèrement devant le front et presque au-dessus.
1) Levez les bras (paumes droites).
2) Levez les bras en tournant les paumes vers l'intérieur.
3) Levez les bras en tournant les paumes vers l'extérieur.

Effectuez entre 3 et 5 répétitions par mouvement dans chaque position.

DÉVELOPPÉ ÉPAULES

1)

2)

3)

2 BICEPS/TRICEPS CURLS

Préparation

En position debout, avancez la tête par rapport au nombril.

Écartez les pieds d'une distance équivalente à votre largeur d'épaules et fléchissez les genoux.

Tenez les haltères dans les mains, les coudes toujours devant les articulations des épaules.

Maintenez les haltères sur les côtés du corps.

Action

Levez l'haltère en amenant la paume au niveau

1) de la poitrine,

2) de l'épaule, et

3) de l'oreille, tournez la paume vers le bas et baissez l'haltère pour recommencer avec l'autre bras.

Effectuez entre 3 et 5 répétitions par niveau.

1a)

1b)

2 BICEPS/TRICEPS CURLS

2a)

2b)

3 EXTENSION DES TRICEPS AU-DESSUS DE LA TÊTE

Préparation

En position debout, avancez la tête par rapport au nombril.

Écartez les pieds d'une distance équivalente à votre largeur d'épaules et fléchissez les genoux.

Tenez les haltères dans les mains, les coudes toujours devant les articulations des épaules.

Maintenez les poids au-dessus du front.

Action

1) Les paumes tournées l'une vers l'autre, levez les haltères au-dessus de la tête.
2) Les paumes tournées vers l'avant, levez les haltères au-dessus de la tête.
3) Les paumes tournées vers l'extérieur, levez les haltères au-dessus de la tête.

Effectuez entre 3 et 5 répétitions par mouvement.

1)

3)

4 ÉLÉVATIONS FRONTALES AVEC HALTÈRES

Préparation

En position debout, avancez la tête par rapport au nombril.

Écartez les pieds d'une distance équivalente à votre largeur d'épaules et fléchissez les genoux.

Tenez les haltères dans les mains, les coudes toujours devant les articulations des épaules.

Maintenez les bras tendus devant le nombril.

Action

Les paumes tournées l'une vers l'autre, levez les haltères en gardant les bras tendus jusqu'au niveau des épaules ; ramenez-les vers le bas en tournant les paumes 1) l'une vers l'autre, 2) vers le bas, et 3) vers l'extérieur.

Effectuez entre 3 et 5 répétitions par mouvement.

1)

2)

5 L'AUTO-STOPPEUR (JOHN TRAVOLTA)

Préparation

En position debout, avancez la tête par rapport au nombril.
Écartez les pieds d'une distance équivalente à votre largeur d'épaules et fléchissez les genoux.
Tenez les haltères dans les mains, les coudes toujours devant les articulations des épaules.
Maintenez les bras tendus devant le nombril, pouces vers le bas.

Action

1a) Levez le bras droit au-dessus de la tête, et pliez le coude. Laissez le bras gauche légèrement plié devant le bassin.
1b) Tournez le bras pour le placer devant le bassin ; tournez simultanément le bras gauche pour le lever au-dessus de la tête en le fléchissant légèrement.

Effectuez entre 9 et 15 répétitions par mouvement.

1a)

1b)

6 IMPULSIONS T-FLEX

Préparation

En position debout, avancez la tête par rapport au nombril.

Écartez les pieds d'une distance équivalente à votre largeur d'épaules et fléchissez les genoux.

Tenez les haltères dans les mains, les coudes devant les articulations des épaules en position T-Flex et les poids au-dessus de la tête.

Action

Les paumes tournées

1) vers l'avant,

2) vers l'intérieur, et

3) vers l'extérieur, poussez les haltères vers l'avant en une série de petits mouvements rapides sans dépasser votre tolérance.

Effectuez entre 3 et 5 répétitions par mouvement dans chaque position.

2)

3)

7 L'ÉPOUVANTAIL

Préparation

En position debout, avancez la tête par rapport au nombril.

Écartez les pieds d'une distance équivalente à votre largeur d'épaules et fléchissez les genoux.

Tenez les haltères dans les mains, les coudes toujours devant les articulations des épaules ; placez les bras sur les côtés en posant les poids sur les cuisses.

Action

a) Les paumes tournées vers l'arrière, levez les coudes en T-Flex, tendez les avant-bras au-dessus de la tête et maintenez la position.
b) Stabilisez les coudes et baissez les haltères jusqu'au niveau des épaules en tournant les paumes 1) vers l'avant, 2) vers l'intérieur, et 3) vers l'extérieur ; maintenez la position une seconde.
c) Baissez les haltères pour retourner en position initiale.

Effectuez entre 3 et 5 répétitions par mouvement dans chaque position.

1a)

2b)

8 OISEAU AVEC HALTÈRES

Préparation

En position debout, avancez la tête par rapport au menton.
Écartez les pieds d'une distance équivalente à votre largeur d'épaules et fléchissez les genoux.
Prenez les haltères dans les mains, les coudes toujours devant les articulations des épaules.
Maintenez les haltères avec les bras devant le bassin, paumes vers l'intérieur.

Action

Levez les haltères simultanément jusqu'au niveau des épaules d'un mouvement vertical.
Tendez les bras de chaque côté.
Baissez les haltères pour retourner à la position initiale 1) en maintenant les paumes vers l'intérieur, 2) en tournant les paumes vers l'arrière, et 3) en tournant les paumes vers l'avant en tendant les bras.

Effectuez entre 3 et 5 répétitions par mouvement dans chaque position.

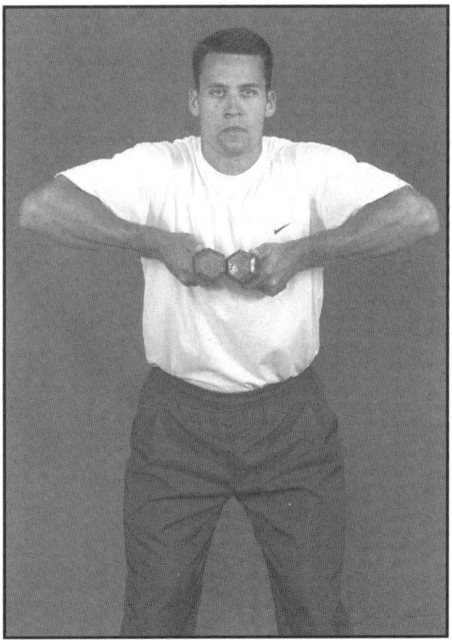

OISEAU AVEC HALTÈRES (suite)

1)

2)

3)

9 LE TOUR DU MONDE

Préparation

En position debout, avancez la tête par rapport au nombril.

Écartez les pieds d'une distance équivalente à votre largeur d'épaules et fléchissez les genoux.

Tenez les haltères dans les mains, les coudes toujours devant les articulations des épaules. Maintenez les haltères devant le bassin, les paumes tournées l'une vers l'autre.

Action

Les bras légèrement fléchis, levez les haltères au-dessus de la tête. 1) Maintenez les paumes tournées l'une vers l'autre, 2) joignez les pouces au sommet du mouvement, et 3) joignez le dos des mains au sommet du mouvement.

Baissez les haltères pour retourner à la position initiale.

Effectuez entre 3 et 5 répétitions par mouvement dans chaque position.

1)

LE TOUR DU MONDE (suite)

2)

3)

10 LE FAUCHEUR

Préparation

En position debout, avancez la tête par rapport au nombril.

Écartez bien les pieds pour former une solide base d'appui pyramidale.

Baissez les fessiers entre les jambes.

Posez les haltères au sol.

À partir de cette position pyramidale, ramassez les haltères

Action

Levez le bras droit puis le gauche, en position 1/2 T-Flex, en tournant les paumes

1) vers l'intérieur,

2) vers l'extérieur, et

3) vers l'arrière.

Effectuez entre 3 et 5 répétitions par mouvement dans chaque position.

LE FAUCHEUR (suite)

2)

3)

11 OISEAU PENCHÉ EN AVANT

Préparation

En position debout, avancez la tête par rapport au nombril.
Écartez bien les pieds pour former une solide base d'appui pyramidale.
Baissez les fessiers entre les jambes.
Posez les haltères au sol, les paumes jointes et tournées l'une vers l'autre.

Action

a) Levez simultanément les haltères jusqu'au niveau des épaules, d'un mouvement vertical.
b) Tendez les bras de chaque côté 1) paumes vers le bas, 2) en tournant les paumes vers l'arrière, et 3) en tournant les paumes vers l'avant.
c) Baissez les haltères pour retourner à la position initiale.

Effectuez entre 3 et 5 répétitions par mouvement dans chaque position.

OISEAU PENCHÉ EN AVANT (suite)

1b) 

2b) 

3b) 

Exercices avec cordes élastiques

1 ÉLÉVATIONS DES ÉPAULES

MUSCLES SOLLICITÉS : capsule de l'épaule et coiffe des rotateurs

Préparation

Placez les deux pieds sur la corde, les genoux légèrement fléchis. Avancez la tête par rapport au nombril.
Prenez les poignées en tendant les bras, les mains dans quatre positions : paumes vers l'avant, vers l'arrière, vers l'intérieur et vers l'extérieur.

Action

Maintenez les bras tendus et utilisez les muscles de la partie supérieure du corps pour élever les épaules.
Baissez les épaules et recommencez.

Effectuez une série 3 à 5 répétitions par position des mains.

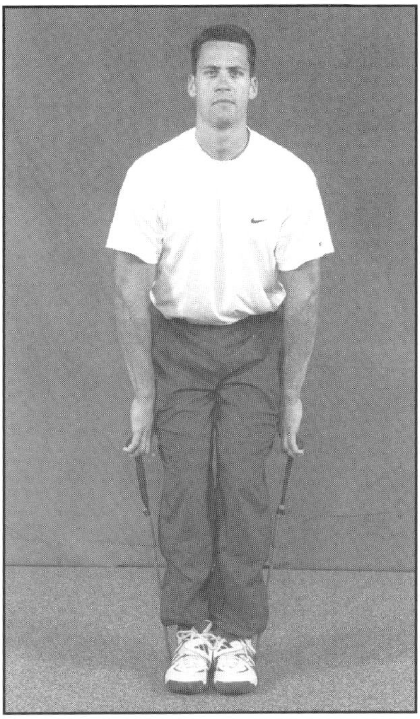

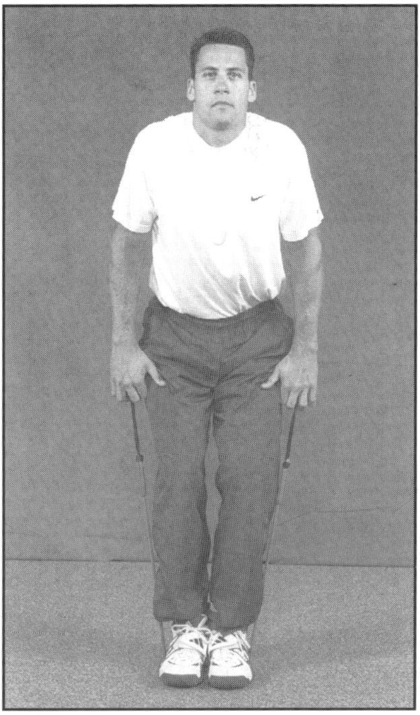

2 CERCLES DES ÉPAULES

MUSCLES SOLLICITÉS : capsule de l'épaule et coiffe des rotateurs

Préparation

Placez les pieds joints sur la corde et pliez légèrement les genoux.
Avancez la tête par rapport au nombril. Prenez les poignées en tendant les bras et en tournant les paumes vers l'arrière.

Action

Tournez les épaules vers l'avant.
Tournez les épaules vers l'arrière.

Effectuez une série de 3 à 5 répétitions par mouvement.

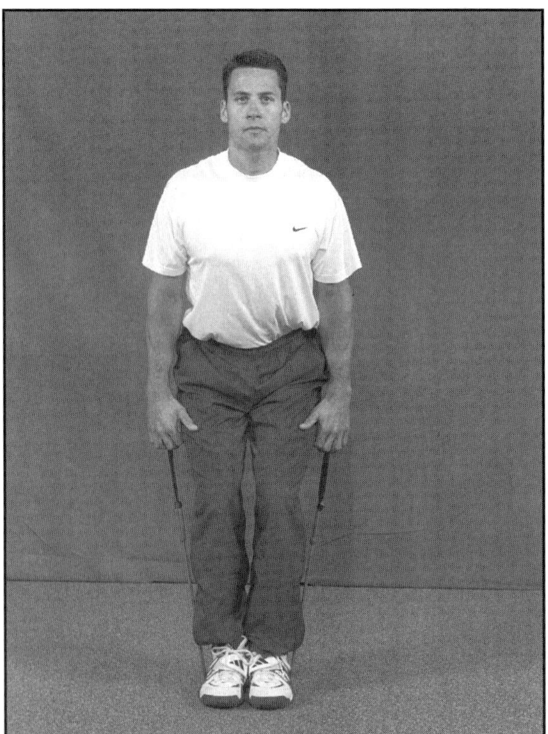

Cercles en arrière

3 MOUVEMENTS DE NAGE AVEC LES ÉPAULES

MUSCLES SOLLICITÉS : capsule de l'épaule et coiffe des rotateurs

Préparation

Placez les pieds joints sur la corde et pliez légèrement les genoux.
Avancez la tête par rapport au nombril. Prenez les poignées en tendant les bras et en tournant les paumes vers l'arrière.

Action

« Crawlez » avec les épaules vers l'avant.
« Crawlez » avec les épaules vers l'arrière.
Effectuez une série de 3 à 5 répétitions par mouvement.

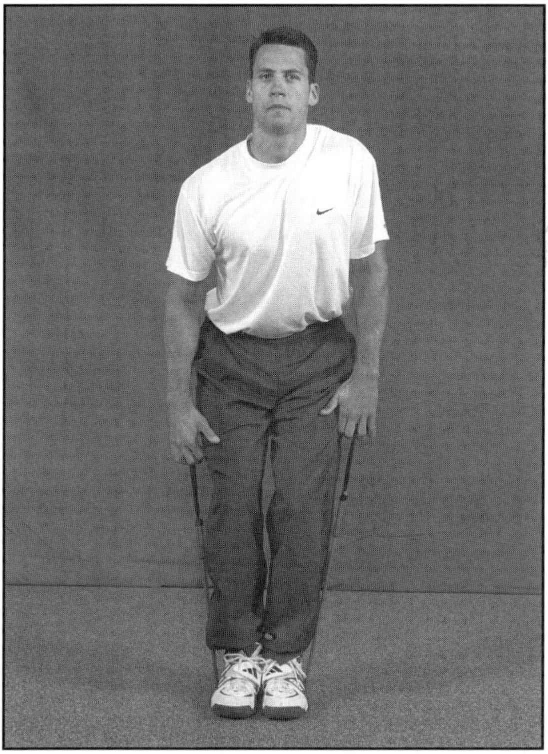

Mouvement de nage des épaules vers l'arrière

4 CURLS DE BICEPS AVEC ROTATION

MUSCLES SOLLICITÉS : biceps et triceps

Préparation

Placez les pieds joints sur la corde et pliez légèrement les genoux.
Avancez la tête par rapport au nombril.
Prenez les poignées en maintenant les bras tendus.

Action

Fléchissez le bras droit jusqu'au niveau de l'épaule, paume vers le haut.
Tournez la main droite pour orienter la paume vers le bas, puis retournez à la position initiale.
Fléchissez le bras gauche jusqu'au niveau de l'épaule, paume vers le haut.
Tournez la main gauche pour orienter la paume vers le bas, puis retournez à la position initiale.
Recommencez.

Effectuez une série de 3 et 5 répétitions par mouvement.

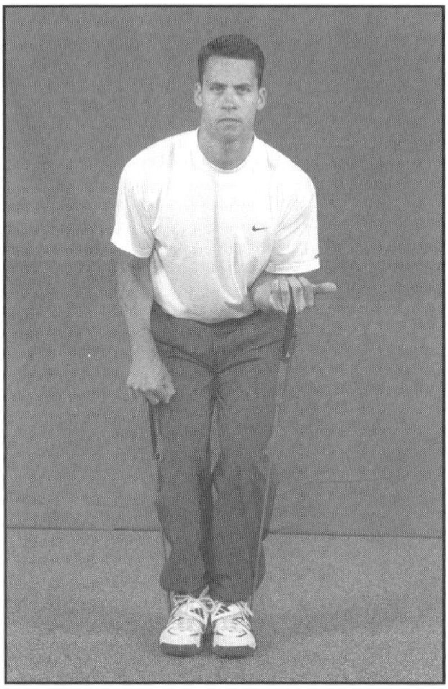

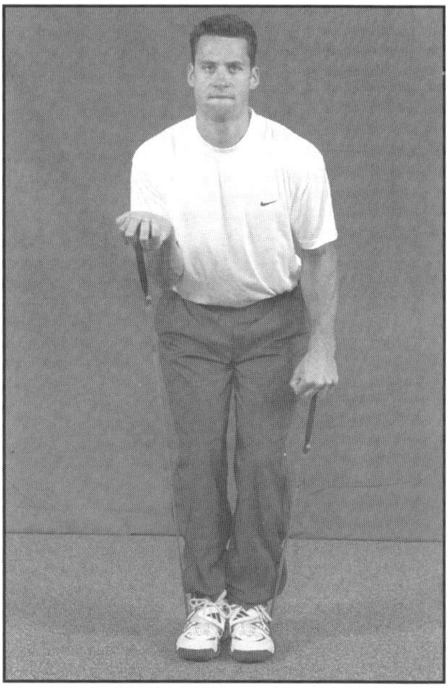

5 OISEAU T-FLEX

MUSCLES SOLLICITÉS : capsule de l'épaule et coiffe des rotateurs

Préparation

Placez les pieds sur la corde et fléchissez les genoux.
Avancez la tête par rapport au nombril.
Placez la tête au-dessus de votre centre de gravité.
Adoptez une position T-Flex avec les bras.
Prenez les poignées en tournant les paumes vers l'intérieur.

Action

Levez les coudes le plus haut possible (selon votre tolérance) et rapprochez-les des omoplates.
Maintenez la position et les coudes à cette hauteur et tendez les avant-bras sur les côtés (oiseau).

Effectuez une série de 3 à 5 répétitions par mouvement dans chaque position.

6 MOUVEMENTS DE NAGE D'ARRIÈRE EN AVANT T-FLEX

MUSCLES SOLLICITÉS : capsule de l'épaule et coiffe des rotateurs

Préparation

Écartez les pieds d'une distance équivalente à votre largeur d'épaules et fléchissez les genoux.

Placez la tête au-dessus de votre centre de gravité.

Adoptez une position T-Flex avec les bras.

Prenez les poignées a) au niveau des pouces, b) les pouces vers le haut, et c) les pouces vers le bas.

Action

Nagez en avant.

Nagez en arrière.

Effectuez une série de 3 à 5 répétitions par mouvement dans chaque position.

a)

6 MOUVEMENTS DE NAGE D'AVANT EN ARRIÈRE T-FLEX

c)

c)

7 AUTO-STOPPEUR GAUCHE ET DROITE T-FLEX

MUSCLES SOLLICITÉS : capsule de l'épaule, coiffe des rotateurs, fléchisseurs et extenseurs du coude

Préparation

Écartez les pieds d'une distance équivalente à votre largeur d'épaules et fléchissez les genoux.

Placez la tête au-dessus de votre centre de gravité.

Adoptez une position T-Flex avec le bras qui ne travaille pas.

Tenez les poignées fermement pour stabiliser la corde. Avec le bras qui travaille, maintenez la poignée devant le front, en dirigeant le pouce vers le bas.

Action

Tendez l'avant-bras vers l'arrière et vers le haut en tournant le pouce vers le haut.

Retournez à la position initiale.

Retournez-vous et travaillez l'autre bras.

Effectuez une série de 3 à 5 répétitions de chaque côté.

8 ABAISSEMENT DU POUCE T-FLEX GAUCHE ET DROITE

MUSCLES SOLLICITÉS : capsule de l'épaule, coiffe des rotateurs, fléchisseurs et extenseurs du coude

Préparation

Écartez les pieds d'une distance équivalente à votre largeur d'épaules et fléchissez les genoux.

Placez le bras qui ne travaille pas en T-Flex. Tenez la poignée fermement pour stabiliser la corde. Avec le bras qui travaille, maintenez la poignée devant le nombril en dirigeant le pouce vers le haut.

Action

Tendez l'avant-bras en arrière et vers le bas en tournant le pouce vers le bas.

Retournez à la position initiale.

Retournez-vous pour travailler l'autre bras.

Effectuez une série de 3 à 5 répétitions de chaque côté.

9 EXTENSION INVERSE DES BRAS

MUSCLES SOLLICITÉS : capsule de l'épaule, coiffe des rotateurs, fléchisseurs et extenseurs du coude

Préparation

Placez-vous près d'un mur ou d'une barrière en lui tournant le dos, écartez les pieds d'une distance équivalente à votre largeur d'épaules et fléchissez les genoux.

Placez la tête au-dessus du nombril. Tenez les poignées en dirigeant les paumes vers l'intérieur et en formant un angle de 90° avec les coudes près de la cage thoracique.

Action

Tendez les bras en avant en commençant par les coudes (jusqu'à ce qu'ils soient devant le tronc) en tournant les avant-bras pour diriger les pouces vers le bas, puis tendez-les en dirigeant les pouces vers le haut (comme pour l'exercice d'assouplissement « T-Flex Why Me »).

Retournez à la position initiale.

Effectuez une série de 3 à 5 répétitions.

10 TRACTION DES COUDES

MUSCLES SOLLICITÉS : capsule de l'épaule, coiffe des rotateurs, fléchisseurs du coude

Préparation

Écartez les pieds d'une distance équivalente à votre largeur d'épaules et fléchissez les genoux.

Placez la tête au-dessus du nombril. Tenez les poignées en dirigeant les pouces 1) vers le haut, 2) vers l'intérieur, et 3) vers le bas. Formez un angle de 90° avec les coudes près de la cage thoracique.

Action

Tirez la corde vers l'arrière en maintenant la position des coudes.

Retournez à la position initiale.

Effectuez une série de 3 à 5 répétitions dans chaque position.

1)

1)

11 EXTENSION DES TRICEPS

MUSCLES SOLLICITÉS : triceps, capsule de l'épaule, coiffe des rotateurs, extenseurs du coude

Préparation

Écartez les pieds d'une distance équivalente à votre largeur d'épaules et fléchissez les genoux.
Placez la tête au-dessus de votre centre de gravité. Tenez les poignées en dirigeant les pouces vers le haut. Pliez les coudes à 90° près de la cage thoracique.

Action

Tendez les bras vers le bas en tournant les pouces vers le bas et derrière le dos. Retournez à la position initiale et recommencez.
Effectuez une série de 3 à 5 répétitions.

Exercices avec médecine-ball

1 LANCEMENT CONTRE UN MUR COUDES ÉCARTÉS T-FLEX

MUSCLES SOLLICITÉS : capsule de l'épaule, coiffe des rotateurs, extenseurs et fléchisseurs du coude

Préparation

Écartez les pieds d'une distance équivalente à votre largeur d'épaules et fléchissez les genoux.

Maintenez la tête au-dessus de votre centre de gravité dans une position confortable.

Écartez les coudes et placez-les contre le mur.

Action

Prenez un médecine-ball dans les mains. Lancez-le contre le mur tout en gardant les coudes contre le mur. La flexion des bras se produit au niveau du coude.

Le mouvement de lancer du médecine-ball entraîne une flexion et une extension complètes du bras.

Effectuez une série de 45-60 lancements.

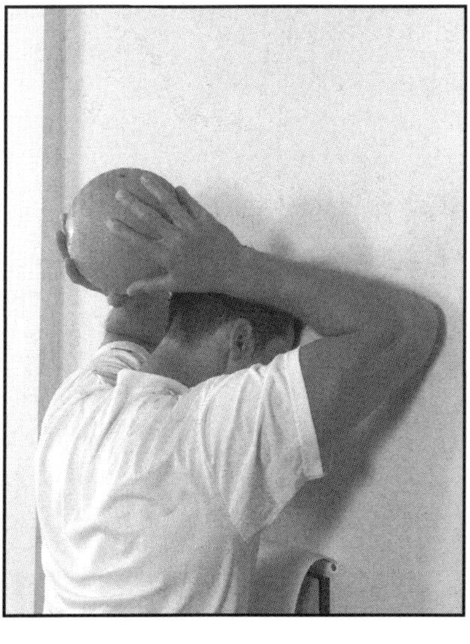

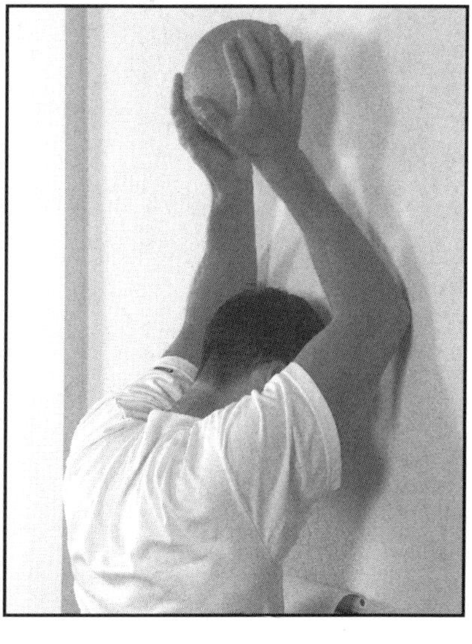

2 LANCEMENT CONTRE UN MUR COUDES RAPPROCHÉS

MUSCLES SOLLICITÉS : capsule de l'épaule, coiffe des rotateurs, extenseurs et fléchisseurs du coude

Préparation

Écartez les pieds d'une distance équivalente à votre largeur d'épaules et fléchissez les genoux.

Gardez la tête au-dessus de votre centre de gravité.

Placez les coudes près des oreilles et contre le mur.

Action

En position initiale, prenez un médecine-ball dans les mains.

Lancez-le contre le mur en maintenant les coudes contre le mur. La flexion des bras se produit au niveau du coude.

Maintenez les coudes près des côtés de la tête. Le lancement du médecine-ball entraîne une flexion et une extension complètes du bras.

Effectuez une série de 45-60 lancements.

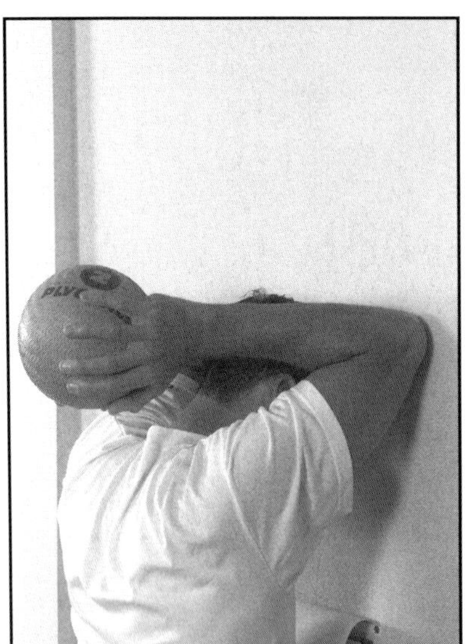

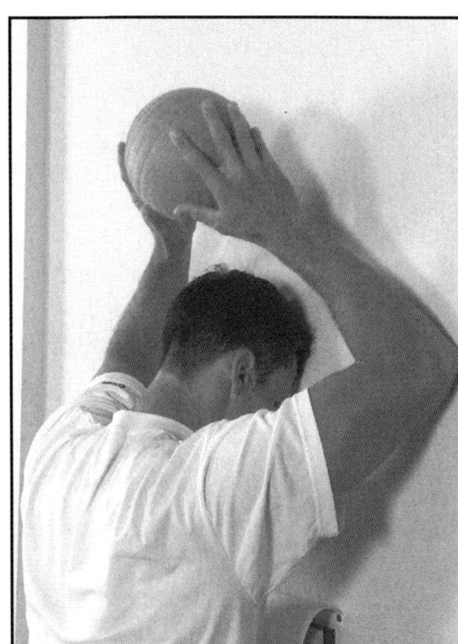

3 LANCEMENT DROIT ET GAUCHE T-FLEX

MUSCLES SOLLICITÉS : capsule de l'épaule, coiffe des rotateurs, extenseurs et fléchisseurs des bras

Préparation

Écartez les pieds d'une distance équivalente à votre largeur d'épaules et fléchissez les genoux.
Maintenez la tête au-dessus de votre centre de gravité.
Placez-vous face au mur, à une distance d'environ 20/30 cm, dans une position perpendiculaire avec le médecine-ball dans la main.
Placez le coude qui travaille au niveau de l'épaule, et l'autre en position T-Flex.

Action

En position initiale, lancez le médecine-ball contre le mur en gardant le coude au niveau de l'épaule. L'extension des bras se produit au niveau du coude. Recommencez l'exercice avec l'autre bras.
Effectuez une série de 45-60 lancements.

Nous concluons ainsi la première partie sur les principes de base du renforcement musculaire. Dans la deuxième partie, nous fournissons des protocoles d'entraînement spécifiques qui nécessitent l'emploi de machines et de charges libres, destinés à fortifier les bras et le haut du corps.

DEUXIÈME PARTIE

EXERCICES FONDAMENTAUX

La deuxième partie de cet ouvrage est composée d'exercices spécifiques (sur machine et avec poids libres) qui sollicitent la poitrine, le haut du dos, les épaules, les biceps, les triceps, les avant-bras, les poignets et les mains. Leur application est remarquable dans les domaines du sport, du *fitness* et du culturisme. Nous proposons aussi des exercices de rééducation et de remise en forme. Cette partie fournit des instructions illustrées et des explications relatives à l'exécution des exercices fondamentaux pour les bras et le haut du corps.

Que l'on soit un athlète d'élite, un sportif du dimanche, un culturiste, ou que l'on exerce une activité de *fitness*, on effectue les mêmes mouvements du corps et une préparation physique similaire. La génétique et l'intensité, seules véritables différences qui entrent en jeu, varient dans une large mesure selon les exigences liées à son mode de vie. Suivez ce raisonnement : si tout vous réussit, quel que soit le domaine (travail/loisirs), et que vous êtes en bonne santé, vos mouvements sont manifestement corrects et votre forme fonctionnelle. Cependant, dans le cas contraire, c'est le signe que quelque chose ne va pas.

Les protocoles pour le travail de résistance des bras et de la partie supérieure du corps sur machines et avec charges libres, que nous présentons dans les chapitres 5 à 9, développeront votre forme fonctionnelle et vous prépareront à *n'importe quelle* activité professionnelle ou sportive.

Pour personnaliser le protocole, il suffit d'adapter votre niveau requis de forme physique aux mouvements et aux charges de travail exigées dans votre travail ou dans vos loisirs.

Chapitre 5

POITRINE

Les exercices du **chapitre 5** sont destinés à travailler la poitrine, région entièrement composée du muscle grand pectoral, dont la fonction consiste surtout à tendre et à fléchir l'articulation de l'épaule, mais aussi à l'entraîner en rotation et en adduction. **Au chapitre 1**, nous avons examiné ce muscle en le séparant en trois parties : supérieure, moyenne et inférieure. Les exercices suivants en sollicitent l'ensemble ou une zone bien précise.

De nombreux mouvements sportifs mobilisent le grand pectoral. En fait, tout mouvement biomécanique dont résulte une extension, une flexion, une adduction ou une rotation interne de l'articulation de l'épaule fait appel aux muscles de la poitrine (par exemple, exécuter un swing au base-ball, attraper une passe au football américain ou donner un coup d'aviron).

En ce qui concerne le culturisme, le développement global de la poitrine est d'une importance capitale, tout comme pour la majorité des adeptes du *fitness*. Analysez les mouvements du sport que vous pratiquez, ou fixez-vous des objectifs de musculation ou de *fitness*, et choisissez des exercices en conséquence.

Si vous souffrez (au travail, à la piscine, en jouant au tennis, au golf, au jeu de puce..., ou en restant allongé), votre corps vous informe d'un dysfonctionnement, alors écoutez-le ! Vos douleurs viennent peut-être d'un excès de mouvements répétitifs, d'un manque d'efficacité et/ou d'une insuffisance fonctionnelle.

La préparation physique et la rééducation tiennent compte de ces problèmes.

Pour adapter vos activités professionnelles ou sportives à votre niveau de forme, gardez en tête ces principes de physiologie de l'exercice :

1. L'activité entraîne des courbatures (suite à la tension des muscles et du tissu conjonctif) qui s'en vont avec l'échauffement et finissent par disparaître complètement grâce aux adaptations corporelles.

2. L'activité entraîne des douleurs (également suite à la tension des muscles et du tissu conjonctif) qui ne partent pas avec l'échauffement. La gêne occasionnée n'empêche pas de poursuivre l'activité, mais elle empire avec l'intensité.

3. L'activité entraîne des blessures (également suite à la tension des muscles et du tissu conjonctif), signe qu'il faut arrêter l'activité jusqu'à la guérison.

Les exercices suivants sollicitent l'emploi de charges libres et de machines. Ceux avec charges libres ont tendance à être plus difficiles parce qu'ils font appel aux muscles synergiques pour stabiliser le corps pendant l'exécution du mouvement requis. D'un autre côté, les machines permettent de maintenir le corps dans la position souhaitée et de mobiliser les muscles dans un seul plan. En général, on considère que les machines conviennent mieux aux débutants, mais elles autorisent aussi davantage de spécificité en isolant les muscles à travailler.
C'est à vous de choisir entre les deux en fonction de vos objectifs. Cependant, si vous débutez ou si vous soulevez des charges lourdes, n'oubliez pas de *demander à un partenaire de vous aider pour éviter de vous blesser*. Deux précautions valent mieux qu'une.

1 DÉVELOPPÉ COUCHÉ AVEC BARRE SUR BANC PLAT

MUSCLES SOLLICITÉS : pectoraux

Préparation

Allongez-vous sur le banc, écartez les mains d'une distance comprise entre 15 cm et la largeur de vos coudes, mais toujours supérieure à votre largeur d'épaules (position T-Flex), et posez les pieds à plat sur le sol.

Action

Baissez la barre en amenant les coudes au niveau des épaules.
Levez la barre en tendant les bras presque complètement.
Gardez le dos droit et ne faites pas rebondir la barre sur votre poitrine.
Effectuez entre 1 et 3 séries de 3 à 12 répétitions selon votre tolérance.

2 OISEAU AVEC HALTÈRES SUR BANC PLAT

MUSCLES SOLLICITÉS : pectoraux

Préparation

Allongez-vous sur le banc, les pieds au sol et les bras tendus.
Tenez les haltères dans les mains, les paumes tournées l'une vers l'autre.

Action

Tendez les avant-bras et baissez les haltères en amenant les coudes au niveau des épaules.
Levez les haltères en tendant les bras presque complètement.
Retournez à la position initiale.
Effectuez entre 1 et 3 séries de 3 à 12 répétitions selon votre tolérance.

3 DÉVELOPPÉ COUCHÉ AVEC HALTÈRES SUR BANC DÉCLINÉ

MUSCLES SOLLICITÉS : pectoraux inférieurs

Préparation

Allongez-vous sur un banc décliné en y ancrant les pieds ou les jambes.

Action

Tenez les haltères dans les mains, paumes vers l'avant.

Baissez les haltères en amenant les coudes au niveau des épaules.

Levez les haltères en tendant les bras presque complètement.

Effectuez entre 1 et 3 séries de 3 à 12 répétitions selon votre tolérance.

4 OISEAU PENCHÉ EN AVANT À LA POULIE

MUSCLES SOLLICITÉS : pectoraux internes

Préparation

Les pieds décalés, penchez légèrement le corps en avant.

Action

Gardez les paumes tournées vers l'intérieur, les bras tendus et les coudes au niveau des épaules et légèrement fléchis.

Poussez les poignées vers l'avant, en tendant les bras et en croisant les mains devant le nombril.

Retournez à la position initiale.

Effectuez entre 1 et 3 séries de 3 à 12 répétitions selon votre tolérance.

5 DÉVELOPPÉ COUCHÉ AVEC BARRE SUR BANC INCLINÉ

MUSCLES SOLLICITÉS : pectoraux supérieurs

Préparation

Allongez-vous sur un banc incliné, écartez les mains d'une distance comprise entre 15 cm et la largeur de vos coudes, mais toujours supérieure à votre largeur d'épaules (position T-Flex) et posez les pieds à plat sur le sol.

Action

Baissez la barre sans toucher la poitrine ni éprouver de gêne.
Levez la barre en tendant les bras presque complètement.
Effectuez entre 1 et 3 séries de 3 à 12 répétitions selon votre tolérance.

6 DÉVELOPPÉ COUCHÉ AVEC HALTÈRES SUR BANC INCLINÉ

MUSCLES SOLLICITÉS : pectoraux supérieurs

Préparation

Allongez-vous sur un banc incliné, les pieds au sol, les haltères en position T-Flex et les paumes vers l'avant.

Action

Les paumes vers l'avant, baissez les haltères sur les côtés de la poitrine.
Tendez les bras jusqu'à ce que les poids se touchent 1) paumes vers l'avant, 2) paumes vers l'intérieur, et 3) paumes vers l'extérieur, et retournez à la position initiale.
Effectuez entre 1 et 3 séries de 3 à 12 répétitions dans chaque position.

7 OISEAU AVEC HALTÈRES SUR BANC DÉCLINÉ

MUSCLES SOLLICITÉS : pectoraux inférieurs

Préparation

Allongez-vous sur un banc décliné en y ancrant les pieds ou les jambes.
Tenez les haltères dans les mains, paumes vers l'intérieur.

Action

Tendez les avant-bras et baissez les haltères en amenant les coudes au niveau des épaules.
Levez les haltères en tendant les bras presque complètement.
Retournez à la position initiale.
Effectuez entre 1 et 3 séries de 3 à 12 répétitions selon votre tolérance.

8 DÉVELOPPÉ COUCHÉ AVEC HALTÈRES SUR BANC PLAT

MUSCLES SOLLICITÉS : pectoraux

Préparation
Allongez-vous sur le banc, les pieds à plat sur le sol.
Tenez les haltères au-dessus de la poitrine, paumes vers l'avant.

Action
Tendez les bras en tournant les paumes
1) vers l'avant,
2) vers l'intérieur, et
3) vers l'extérieur, et faites-les se toucher.
Retournez à la position initiale.

Effectuez entre 1 et 3 séries de 3 à 12 répétitions selon votre tolérance.

CHAPITRE 6

ÉPAULES

Le **chapitre 6** fournit une série d'exercices pour la région scapulaire dont les muscles entraînent de nombreux mouvements. Les fonctions du deltoïde sont les suivantes : adduction, abduction, extension et flexion, et aussi, rotation interne et externe du bras.

Revoyons rapidement l'anatomie de l'épaule : les trois faisceaux (antérieur, moyen et postérieur) de son agoniste principal, le deltoïde, et ses antagonistes (muscles du haut du dos et grand dentelé) sont sollicités dans de nombreuses actions musculaires. Les exercices de ce chapitre privilégient les muscles principaux. Vous devez vous souvenir, ou vous douter, que les muscles synergiques (indirectement mobilisés pour soutenir les agonistes) sont également impliqués dans les mouvements de la région scapulaire.

Les principaux muscles synergiques de la région scapulaire sont les quatre muscles de la coiffe des rotateurs, à savoir le petit rond, le sus-épineux, le sous-épineux et le sous-scapulaire. Pour éviter les blessures et maintenir une bonne répartition de la force entre les muscles agonistes, antagonistes et synergiques, il faut tous les exercer. *Avant* de faire travailler tout muscle principal de l'épaule, nous vous conseillons fortement d'effectuer les exercices requis d'ADM, de souplesse et de stabilisation articulaire, qu'il vaut la peine de revoir préalablement.

L'essentiel est d'exercer les muscles principaux de la partie supérieure du corps après un travail approprié d'ADM, de souplesse et de stabilisation articulaire, afin de vous échauffer correctement, d'éviter les blessures et de développer l'équilibre musculaire qui convient.

Avant d'examiner les exercices pour les épaules, étudions les mouvements sportifs entraînés par ses muscles. Tout d'abord, toute action qui consiste à frapper ou à lancer un objet crée une très grande force de rotation depuis la région scapulaire. Pour frapper un ballon de volley, une balle avec une batte et lancer un ballon de rugby, on fléchit, on tend et on tourne cette région du corps.

Si vous cherchez à améliorer vos performances sportives, revoyez les mouvements spécifiques du sport que vous pratiquez, et choisissez des exercices en rapport. Que vous soyez adepte du *fitness* ou culturiste, développez l'équilibre (et éventuellement la taille) musculaire de la région scapulaire.

Au **chapitre 5**, nous avons expliqué les avantages, les inconvénients et les différences entre l'emploi de machines et de charges libres. Ces remarques s'appliquent aussi au travail de la région scapulaire. Comme pour exercer la poitrine, nous recommandons de vous faire aider par un partenaire si vous débutez ou si vous utilisez des charges lourdes.

N'oubliez pas ce principe très important : effectuez les exercices d'ADM, de souplesse et de stabilisation articulaire avant de passer à ceux qui sollicitent les muscles principaux !

1 DÉVELOPPÉ ÉPAULES AVEC BARRE DERRIÈRE LA NUQUE

MUSCLES SOLLICITÉS : deltoïdes (tous)

Préparation

Asseyez-vous sur le banc, le dos droit.

Prenez la barre en espaçant les mains d'une distance comprise entre votre largeur d'épaules et l'écart entre vos coudes en position T-Flex.

Action

Baissez la barre pour toucher le bas de la nuque.

Tendez les bras au-dessus du cou presque complètement.

Effectuez entre 1 et 3 séries de 3 à 12 répétitions selon votre tolérance.

2 DÉVELOPPÉ ÉPAULES AVEC HALTÈRES ASSIS

MUSCLES SOLLICITÉS : deltoïdes (tous)

Préparation

Asseyez-vous sur le banc, le dos droit.

Placez les coudes au niveau des épaules en position T-Flex en tournant les paumes vers l'avant.

Action

Tendez les bras en tournant les paumes 1) vers l'avant, 2) vers l'intérieur, et 3) vers l'extérieur.

Baissez les haltères pour retourner à la position initiale.

Effectuez entre 1 et 3 séries de 3 à 12 répétitions selon votre tolérance.

3 ÉLÉVATIONS LATÉRALES AVEC HALTÈRES DEBOUT

MUSCLES SOLLICITÉS : deltoïdes (faisceau moyen)

Préparation

Écartez les pieds d'une distance inférieure ou égale à votre largeur d'épaules. Placez les bras sur les côtés, en tenant les haltères, paumes vers l'intérieur.

Action

Levez les haltères jusqu'au niveau des épaules, en gardant les coudes légèrement devant les épaules.

Baissez les haltères sur les côtés.

Effectuez entre 1 et 3 séries de 3 à 12 répétitions selon votre tolérance.

4 ÉLÉVATIONS FRONTALES AVEC HALTÈRES DEBOUT

MUSCLES SOLLICITÉS : deltoïdes (faisceau antérieur)

Préparation

Écartez les pieds d'une distance inférieure ou égale à votre largeur d'épaules. Tenez les haltères, paumes vers le bas, en les posant sur les cuisses.

Action

Alternez les mouvements du bras droit et du gauche pour lever les haltères jusqu'au niveau des épaules en tournant la paume 1) vers le bas, 2) vers l'intérieur, et 3) vers l'extérieur.

Baissez les haltères pour retourner à la position initiale.

Effectuez entre 1 et 3 séries de 3 à 12 répétitions selon votre tolérance.

5 ROWING VERTICAL AVEC BARRE DEBOUT

MUSCLES SOLLICITÉS : deltoïdes (faisceau antérieur)

Préparation

Écartez les pieds d'une distance inférieure ou égale à votre largeur d'épaules.
Placez les mains sur la barre en les espaçant de 23 cm, paumes vers l'arrière.

Action

Tirez la barre en amenant les coudes au niveau des épaules.
Retournez en position bras tendus.
Effectuez entre 1 et 3 séries de 3 à 12 répétitions selon votre tolérance.

6 ÉLÉVATIONS LATÉRALES AVEC HALTÈRES ASSIS

MUSCLES SOLLICITÉS : deltoïdes (faisceau moyen)

Préparation

Asseyez-vous sur le banc, les pieds à plat sur le sol, et le dos droit. Tenez les haltères, les paumes tournées vers l'intérieur et les bras tendus, en les posant sur les côtés.

Action

Gardez les coudes devant les épaules et levez les bras au niveau des épaules, 1) paumes vers le bas, 2) paumes vers l'avant, et 3) paumes vers l'arrière. Baissez les bras pour retourner à la position initiale.
Effectuez entre 1 et 3 séries de 3 à 12 répétitions selon votre tolérance.

7 ÉLÉVATIONS POSTÉRO-LATÉRALES AVEC HALTÈRES ASSIS

MUSCLES SOLLICITÉS : deltoïdes (faisceau postérieur)

Préparation

Assis sur le banc, penchez-vous en avant en gardant les pieds à plat sur le sol. Tenez les haltères, paumes vers l'intérieur, et posez-les au sol.

Action

Tendez les bras et levez les coudes au niveau des épaules avec les paumes 1) vers l'intérieur, 2) vers l'avant, et 3) vers l'arrière.

Retournez à la position initiale.

Effectuez entre 1 et 3 séries de 3 à 12 répétitions selon votre tolérance.

CHAPITRE 7

HAUT DU DOS

Ce chapitre présente des exercices spécifiques pour le haut du dos. Précédemment, nous avons séparé le dos en deux régions musculaires : le haut et le bas.
Nous avons défini le bas du dos (et les abdominaux) comme faisant partie de la moitié inférieure du tronc, dont les exercices se trouvent au **chapitre 3**, que nous vous conseillons de relire. Par opposition, le haut du dos comprend les muscles suivants (en couples) : le grand dorsal, le trapèze, les rhomboïdes (grand et petit), le muscle angulaire de l'omoplate, le dentelé antérieur et le grand rond ; musculature permettant d'articuler l'épaule dans des mouvements d'adduction, d'abduction et d'extension. Le haut du dos autorise un deuxième groupe de mouvements : l'élévation, l'antéversion et la rétroversion des omoplates (voir aussi le **chapitre 1**).
Revoyons les fonctions spécifiques du haut du dos pour le culturisme, les sports et l'entretien physique. L'objectif du culturisme, comme nous l'avons mentionné dans les chapitres précédents, consiste à développer la taille et la symétrie de tous les muscles du corps, en privilégiant l'aspect sur la fonction.
Les sportifs se préoccupent davantage de la fonction de cette région musculaire par rapport au sport qu'ils pratiquent. Parmi les exemples de mouvements sportifs spécifiques qui font travailler le haut du dos, citons le lancer au base-ball, les tacles au football américain et les services au tennis. Les athlètes souhaitant s'entraîner selon le principe de spécificité croisée doivent déterminer les mouvements de leur sport qui sollicitent le haut du dos, puis choisir des exercices de musculation appropriés. Respectez toujours ce principe à l'entraînement. Nous déconseillons

d'associer la fonction au développement musculaire (culturisme) en ce qui concerne l'athlétisme.
La plupart des adeptes du *fitness* ne désirent pas augmenter spectaculairement la taille de leurs muscles ni frapper des coups de circuit lors de championnats de base-ball. Ils cherchent plus à développer l'équilibre musculaire et à renforcer l'ensemble du corps. Il en va de même pour le haut du dos.
Nos remarques des **chapitres 5 et 6** sur l'emploi des machines et des charges libres, et sur la préparation nécessaire au travail de la partie supérieure du dos, en commençant par des exercices d'ADM, d'assouplissement et de stabilisation, s'appliquent aussi ici. Les charges libres ajoutent de la difficulté parce qu'elles sollicitent les muscles synergiques pendant l'exercice, alors qu'avec les machines, le corps est placé de façon précise afin de mouvoir les muscles dans un plan d'action spécifique. On conseille toujours l'aide d'un partenaire aux débutants ou à ceux qui utilisent des charges lourdes.

1 TIRAGE VERTICAL ET FRONTAL PRISE LARGE

MUSCLES SOLLICITÉS : grands dorsaux

Préparation

Placez les pieds au sol, asseyez-vous en écartant les mains d'une distance comprise entre 60 cm et votre largeur d'épaules.

Tendez les bras et penchez-vous légèrement en arrière.

Action

Baissez la barre vers le haut de la poitrine en position T-Flex et rapprochez les omoplates.

Retournez en position bras tendus.

Effectuez entre 1 et 3 séries de 3 à 12 répétitions selon votre tolérance.

2 ROWING AVEC HALTÈRE D'UN SEUL BRAS

MUSCLES SOLLICITÉS : grands dorsaux

Préparation

Placez un genou et une main sur le banc.
Prenez l'haltère avec l'autre main, la paume verticale et le bras tendu, et posez-le au sol.

Action

Avec le bras tendu, levez l'haltère jusque sur le côté de la poitrine 1) paume droite, 2) paume vers l'intérieur, et 3) paume vers l'extérieur.
Tendez le bras pour retourner à la position initiale. Recommencez l'exercice avec l'autre bras.
Effectuez entre 1 et 3 séries de 3 à 12 répétitions dans chaque position selon votre tolérance.

3 ROWING À LA POULIE BASSE

MUSCLES SOLLICITÉS : dorsaux inférieurs

Préparation

Asseyez-vous sur le banc, le dos droit et les pieds sur la plate-forme.
Les genoux légèrement fléchis, tendez les bras et attrapez les poignées.

Action

Tirez la barre vers les abdominaux inférieurs, 1) paumes droites, 2) paumes vers l'intérieur, et 3) paumes vers l'extérieur.
Tendez à nouveau les bras ; ne vous penchez pas en avant.
Effectuez entre 1 et 3 séries de 3 à 12 répétitions dans chaque position selon votre tolérance.

4 ROWING À LA BARRE T

MUSCLES SOLLICITÉS : grands dorsaux

Préparation

Allongez-vous sur le banc en posant les pieds sur la plate-forme.
Tendez les bras en tournant les paumes vers l'arrière.

Action

Tirez les bras vers la poitrine en position T-Flex et rapprochez les omoplates, 1) paumes vers l'arrière, 2) paumes vers l'intérieur, et 3) paumes vers l'extérieur.
Tendez à nouveau les bras.
Effectuez entre 1 et 3 séries de 3 à 12 répétitions dans chaque position selon votre tolérance.

5 TIRAGE VERTICAL PRISE ÉTROITE

MUSCLES SOLLICITÉS : dorsaux inférieurs

Préparation

Asseyez-vous sur le banc, les pieds à plat sur le sol et les paumes vers l'intérieur.

Action

Tirez la barre jusqu'à la partie supérieure de la poitrine.
Tendez à nouveau les bras.
Ne balancez pas le dos pendant le mouvement.
Effectuez entre 1 et 3 séries de 3 à 12 répétitions selon votre tolérance.

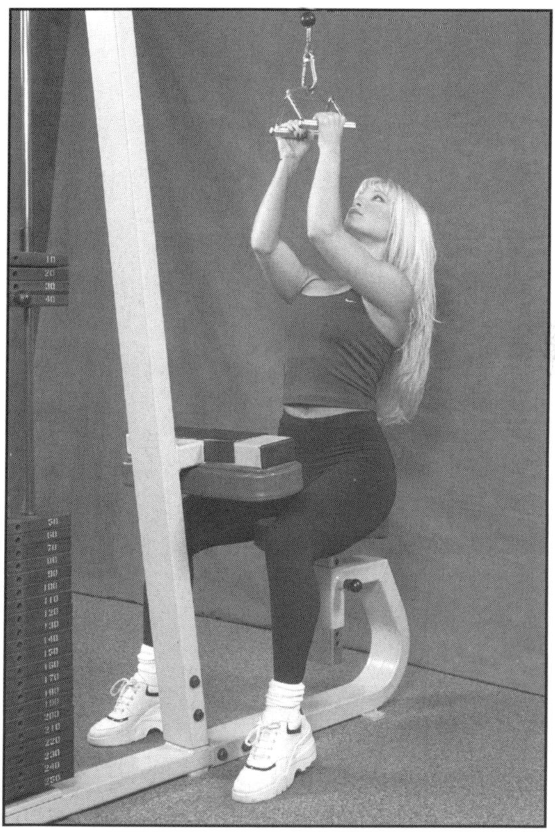

6 TRACTION À LA BARRE FIXE VERS L'AVANT PRISE LARGE

MUSCLES SOLLICITÉS : dorsaux externes

Préparation

Tendez les bras.

Tenez la barre, les paumes vers l'avant et les mains écartées d'une distance équivalente à l'espace entre vos coudes.

Action

Hissez-vous pour amener les yeux au niveau de la barre en position T-Flex.

Tendez à nouveau les bras. Ne vous suspendez pas les bras tendus.

Effectuez entre 1 et 3 séries de 3 à 12 répétitions.

7 ÉLÉVATION DES ÉPAULES AVEC BARRE

MUSCLES SOLLICITÉS : trapèzes

Préparation

Écartez les pieds d'une distance inférieure ou égale à votre largeur d'épaules. Tenez la barre, les bras tendus et les mains écartées d'une distance équivalente à votre largeur d'épaules.

Action

Levez les épaules vers les oreilles.

Baissez les épaules pour retourner en position de repos. Ne laissez pas la barre pendre avec les bras tendus.

Effectuez entre 1 et 3 séries de 3 à 12 répétitions selon votre tolérance.

8 ÉLÉVATION DES ÉPAULES AVEC HALTÈRES

MUSCLES SOLLICITÉS : trapèzes

Préparation

Écartez les pieds d'une distance inférieure ou égale à votre largeur d'épaules.
Tendez les bras en tenant les haltères avec les paumes vers l'intérieur.

Action

Levez les épaules vers les oreilles.
Baissez les épaules pour revenir en position de repos. Ne laissez pas les haltères pendre au bout des bras tendus.
Effectuez entre 1 et 3 séries de 3 à 12 répétitions selon votre tolérance.

CHAPITRE 8

BICEPS ET TRICEPS

Le **chapitre** 8 propose des exercices pour les muscles du bras dont la fonction principale consiste à le fléchir et à le tendre au niveau de l'articulation du coude. Ils sont également responsables de la pronation et de la supination du bras.

Le bras est constitué de deux groupes musculaires distincts : celui du biceps et celui du triceps. Le premier comprend quatre fléchisseurs du coude : le biceps brachial, le brachial antérieur, le brachioradial et le rond pronateur. Le deuxième comporte deux extenseurs du coude : le triceps brachial (trois chefs : chef long, vaste interne et vaste externe) et l'ancôné. Tous les mouvements d'extension ou de flexion du bras mobilisent le triceps et le biceps. Tout mouvement sportif qui entraîne une action du bras les sollicite aussi. Pour faire travailler ces muscles, comme d'autres, les athlètes peuvent utiliser le principe de *spécificité croisée*, c'est-à-dire s'entraîner en reproduisant les positions et les mouvements du sport pratiqué, après les avoir correctement analysés.

Au base-ball, le mouvement du batteur qui frappe la balle illustre bien le principe de spécificité croisée pour les exercices de biceps et de triceps. Pour l'appliquer, décomposez ce mouvement puis déterminez les muscles impliqués et les actions qu'ils produisent, et élaborez un programme d'entraînement approprié avec ces informations.

Chaque exercice indique le muscle sollicité : « biceps » ou « biceps (portion externe) » décrit la zone travaillée. Par exemple, les curls marteau alternés debout exercent la portion inférieure du biceps.

Les adeptes du *fitness* et les culturistes s'efforcent d'obtenir un développement équilibré des biceps et des triceps, mais rappelez-vous qu'ils ne soulèvent pas les mêmes volumes. Un culturiste s'entraîne avec des charges plus lourdes, plus intensément, et généralement plus longtemps. Ces deux catégories doivent intégrer de nombreux exercices pour les bras dans leur programme, de façon à mobiliser complètement les biceps et les triceps. Les règles à observer sur l'emploi des machines, des charges libres et l'aide d'un partenaire s'appliquent aux exercices suivants, comme nous l'avons spécifié pour la poitrine, le haut du dos et les épaules, ainsi que pour tout autre groupe musculaire.

Exercices pour les biceps

1 CURLS ALTERNÉS AVEC HALTÈRES ASSIS

MUSCLES SOLLICITÉS : biceps (portion externe)

Préparation

Asseyez-vous sur le banc, les pieds à plat et le dos droit.

Tendez les bras en dirigeant les paumes vers l'intérieur.

Action

Levez un bras à chaque fois en tournant la paume vers le haut.

Retournez à la position initiale (bras tendu) et levez l'autre bras.

Effectuez entre 1 et 3 séries de 3 à 12 répétitions selon votre tolérance.

2 CURLS DE BICEPS À LA POULIE DEBOUT

MUSCLES SOLLICITÉS : biceps (portion externe)

Préparation

Écartez les pieds d'une distance inférieure ou égale à votre largeur d'épaules. Tendez les bras pour prendre les poignées, les mains écartées d'une distance équivalente à votre largeur d'épaules, paumes vers le haut.

Action

Levez la barre jusqu'au niveau des épaules en fléchissant les avant-bras.
Retournez à la position initiale (bras tendus).
Effectuez entre 1 et 3 séries de 3 à 12 répétitions selon votre tolérance.

3 CURLS À LA BARRE SUR BANC « PREACHER »

MUSCLES SOLLICITÉS : biceps

Préparation

Asseyez-vous sur le banc, les pieds à plat et les paumes vers le haut.
Tendez les bras en maintenant les coudes légèrement fléchis.

Action

Levez la barre jusqu'au niveau des épaules en fléchissant les avant-bras.
Retournez à la position initiale (bras tendus).
Effectuez entre 1 et 3 séries de 3 à 12 répétitions selon votre tolérance.

4 CURL EN CONCENTRATION AVEC HALTÈRES ASSIS

MUSCLES SOLLICITÉS : biceps

Préparation

Asseyez-vous sur le banc, un haltère dans une main.
Posez le coude sur le genou en dirigeant la paume vers le haut.

Action

Levez l'haltère jusqu'au niveau de l'épaule en fléchissant l'avant-bras.
Retournez à la position initiale (bras tendus).
Effectuez entre 1 et 3 séries de 3 à 12 répétitions selon votre tolérance.

5 CURLS MARTEAU ALTERNÉS DEBOUT

MUSCLES SOLLICITÉS : biceps (portion inférieure)

Préparation

Écartez les pieds d'une distance inférieure ou égale à votre largeur d'épaules et gardez le dos droit. Prenez les haltères en dirigeant les paumes vers l'intérieur.

Action

Fléchissez l'avant-bras droit jusqu'au niveau des épaules.
Tendez le bras.
Recommencez avec le bras gauche.
Effectuez entre 1 et 3 séries de 3 à 12 répétitions selon votre tolérance.

6 CURLS DE BICEPS À LA BARRE DEBOUT

MUSCLES SOLLICITÉS : biceps

Préparation

Écartez les pieds et les mains d'une distance équivalente à votre largeur d'épaules.

Prenez la barre en dirigeant les paumes vers le haut et tendez les bras.

Action

Fléchissez les avant-bras pour lever la barre au niveau des épaules.

Retournez à la position initiale (bras tendus).

Effectuez entre 1 et 3 séries de 3 à 12 répétitions selon votre tolérance.

Exercices pour les triceps

1 EXTENSION DES TRICEPS AVEC HALTÈRE ASSIS

MUSCLES SOLLICITÉS : triceps

Préparation

Asseyez-vous sur le banc en gardant le dos droit. Prenez l'haltère des deux mains en dirigeant les paumes vers le haut.

Pliez les bras à 90° pour amener l'haltère derrière la nuque, en maintenant les paumes vers le haut.

Action

Tendez les bras au-dessus de la tête. Gardez les coudes écartés.

Retournez à la position initiale.

Effectuez entre 1 et 3 séries de 3 à 12 répétitions selon votre tolérance.

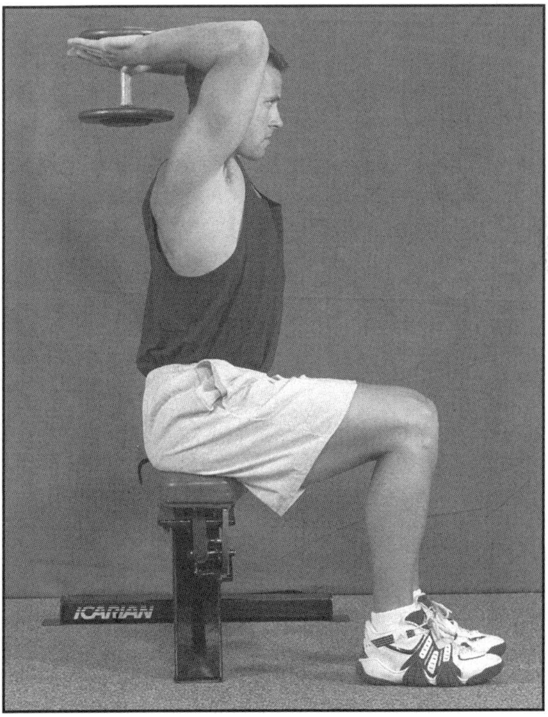

2 TIRAGE VERTICAL DES TRICEPS À LA POULIE

MUSCLES SOLLICITÉS : triceps

Préparation

Maintenez les pieds écartés d'une distance équivalente à votre largeur d'épaules et les paumes vers le bas.

Écartez les mains d'une distance inférieure à votre largeur d'épaules (prise étroite).

Pliez les coudes et maintenez-les contre la cage thoracique.

Action

Tendez les bras vers le bas.

Retournez à la position initiale.

Effectuez entre 1 et 3 séries de 3 à 12 répétitions selon votre tolérance.

3 EXTENSION DES TRICEPS À LA BARRE ASSIS

MUSCLES SOLLICITÉS : triceps

Préparation

Asseyez-vous sur le banc, les pieds à plat et le dos droit.
Prenez la barre en tournant les paumes vers le haut, les mains écartées d'une distance inférieure à votre largeur d'épaules.
Pliez les coudes à 90° et amenez la barre derrière la nuque.

Action

Tendez les bras au-dessus de la tête. Ne rapprochez pas les coudes.
Retournez à la position initiale.
Effectuez entre 1 et 3 séries de 3 à 12 répétitions selon votre tolérance.

4 EXTENSION DES TRICEPS À LA BARRE SUR BANC PLAT

MUSCLES SOLLICITÉS : triceps

Préparation

Allongez-vous sur le banc, les pieds à plat, et prenez la barre en tournant les paumes vers le haut.

Écartez les mains d'une distance inférieure à votre largeur d'épaules et tendez les bras.

Action

Baissez la barre vers le front en pliant les coudes à 90°.

Tendez les bras pour retourner à la position initiale.

Effectuez entre 1 et 3 séries de 3 à 12 répétitions selon votre tolérance.

5 EXTENSION DES TRICEPS À LA POULIE UN SEUL BRAS

MUSCLES SOLLICITÉS : triceps

Préparation

Écartez les pieds d'une distance équivalente à votre largeur d'épaules et placez les hanches et les épaules perpendiculairement à la poulie.

Prenez la poignée, la main gauche au niveau de l'épaule droite, paume vers l'intérieur.

Action

Tendez le bras vers le bas en tournant la paume vers l'extérieur.

Retournez à la position initiale. Retournez-vous et travaillez l'autre bras.

Effectuez entre 1 et 3 séries de 3 à 12 répétitions selon votre tolérance.

CHAPITRE 9

AVANT-BRAS

Le **chapitre 9** présente des exercices pour les avant-bras, qui comprennent 15 muscles que l'on peut séparer en deux groupes selon leur rôle : (1) les fléchisseurs et (2) les extenseurs de la main et des doigts, qui appartiennent chacun à un groupe musculaire différent.

Les deux fonctions *principales* de l'avant-bras consistent à fléchir et à tendre le poignet et la main. Il participe aussi à tous les mouvements exécutés pour saisir un objet. Il va donc de soi que la plupart des mouvements sportifs en sollicitent les muscles.

On travaille ce groupe musculaire, comme les précédents, avec des exercices de musculation qui reproduisent les actions du sport pratiqué. Par exemple, pour faire un swing au base-ball, il faut fléchir et tendre le poignet et la main ; on détermine alors les actions musculaires du poignet, que l'on répète ensuite à l'entraînement avec des exercices appropriés. Les adeptes du *fitness* souhaitent également se fortifier les poignets et les mains pour développer leur équilibre musculaire. Les culturistes ont les mêmes objectifs, mais ils cherchent aussi à augmenter la taille de leurs avant-bras, en accroissant davantage le volume, la charge et l'intensité des séances.

Dans ce chapitre, les exercices nécessitent surtout des charges libres. Très peu de machines sont conçues pour travailler les avant-bras. Dans les deux cas, respectez les mêmes principes qui s'appliquent à tous les autres exercices. À nouveau, nous recommandons aux débutants ou à ceux qui utilisent des charges lourdes de se faire aider par un partenaire. La deuxième partie de ce livre propose des exercices fondamentaux destinés à chaque partie du haut du corps, avec de nombreuses explications qui vous permettront de choisir facilement ceux qui vous conviennent.

Pour vous maintenir en forme et atteindre vos objectifs, utilisez les informations sur les exercices de souplesse fonctionnelle et de stabilisation articulaire. Vous pourrez ainsi créer des programmes fonctionnels adaptés à vos activités (travail ou loisirs).

1 CURLS À LA BARRE (mains en pronation)

MUSCLES SOLLICITÉS : avant-bras

Préparation

Écartez les pieds d'une distance inférieure ou égale à votre largeur d'épaules.
Prenez la barre en écartant les mains d'une distance équivalente à votre largeur d'épaules, paumes vers le bas.
Tendez les bras jusqu'à ce que la barre repose sur vos cuisses.

Action

Fléchissez les bras en levant la barre jusqu'aux épaules, sans changer de posture.
Retournez à la position initiale.
Effectuez entre 1 et 3 séries de 3 à 12 répétitions sans dépasser votre tolérance.

2 CURLS DE POIGNETS À LA BARRE SUR BANC (mains en pronation)

MUSCLES SOLLICITÉS : avant-bras

Préparation

Agenouillez-vous en plaçant les avant-bras sur un banc.

Prenez la barre en écartant les mains d'une distance inférieure à votre largeur d'épaules, paumes vers le bas.

Maintenez les poignets au bord du banc, en les courbant vers le bas.

Action

Tournez les poignets vers le haut.

Retournez à la position initiale.

Effectuez entre 1 et 3 séries de 3 à 12 répétitions selon votre tolérance.

3 CURLS DE POIGNETS AVEC HALTÈRES (mains en supination)

MUSCLES SOLLICITÉS : avant-bras

Préparation

Agenouillez-vous en posant les avant-bras sur un banc.

Prenez les haltères en écartant les mains d'une distance équivalente à votre largeur d'épaules, les paumes vers le haut.

Placez les poignets au bord du banc en les courbant vers le bas.

Action

Courbez les poignets vers le haut.

Retournez à la position initiale.

Effectuez entre 1 et 3 séries de 3 à 12 répétitions selon votre tolérance.

4 CURLS DE POIGNETS À LA BARRE (mains en supination)

MUSCLES SOLLICITÉS : avant-bras

Préparation

Agenouillez-vous, les avant-bras sur un banc.

Prenez la barre en écartant les mains d'une distance équivalente à votre largeur d'épaules, paumes vers le haut.

Placez les poignets au bord du banc en les courbant vers le bas.

Action

Courbez les poignets vers le haut.

Retournez à la position initiale.

Effectuez entre 1 et 3 séries de 3 à 12 répétitions selon votre tolérance.

TROISIÈME PARTIE

PROGRAMMES FONCTIONNELS

Pour faire travailler les bras et le haut du corps, cette dernière partie propose trois programmes de résistance de niveaux différents, qui associent les principes essentiels de force musculaire avec les exercices fondamentaux (machines ou poids libres). **Le chapitre 10** fournit un programme général destiné à maintenir le corps tout entier en forme, en tenant compte du rapport alimentation/métabolisme et de l'aspect mental/émotionnel, afin de réduire les risques au minimum. Nous y expliquons notre conviction selon laquelle l'ensemble du corps doit être en bonne condition physique pour qu'on puisse en entraîner la moitié supérieure en toute sécurité.

Le **chapitre 11** présente les différents principes d'entraînement par niveau : débutant, moyen et avancé. Ensuite, nous montrons comment créer vos propres programmes, quel que soit votre niveau.

Nous terminerons en vous donnant quelques conseils pratiques et recommandations dont nous espérons qu'ils vous inciteront à vous fortifier les bras et le haut du corps pour atteindre des objectifs personnels de forme physique.

CHAPITRE 10

ENTRAÎNEMENT GÉNÉRAL DU CORPS

Pour que la forme soit fonctionnelle, il faut exercer la *totalité* du corps. Les bonnes positions, les mouvements corrects et une force équilibrée résultent d'une suite ordonnée de sollicitations musculaires, des pieds à la tête, grâce à la production des énergies cinétiques. Dans ce chapitre, nous expliquons pourquoi le corps entier doit être en bonne condition physique pour effectuer un travail de résistance ; en d'autres termes, nous complétons la deuxième partie consacrée à la fortification des bras et de la partie supérieure du corps en nous intéressant à l'ensemble de l'organisme, car les bras et les épaules ne bougent pas isolément.

Le travail de résistance nécessite un entraînement aérobie et anaérobie, de façon à favoriser le transport d'oxygène dans le sang vers les muscles, le tissu conjonctif et les os. La deuxième partie de ce chapitre, centrée sur la nutrition, l'influence de la composition sanguine sur le métabolisme, le système endocrinien et le système immunitaire, examine ce qui se passe à l'intérieur du corps quand on s'entraîne.

Enfin, nous montrons comment persévérer en apprenant à gérer le facteur mental/émotionnel, dans la vie privée et professionnelle. Le mental, les émotions et la motivation influent sur les efforts fournis par les muscles quand on s'entraîne pour la forme.

Entraînement de tout le corps et travail de résistance

Développer une bonne condition physique est le premier objectif du culturisme, des activités sportives et de *fitness*. Il s'agit avant tout d'exercer le corps pour en équilibrer la force et la souplesse en fonction des efforts requis.
Pour sculpter les différents groupes musculaires, l'entraînement général les fait travailler davantage en les associant qu'en les isolant, méthode efficace que l'on utilise pour remettre en forme ou rééduquer.
Les bienfaits que l'on en tire dépendent des mêmes principes sur lesquels nous avons insisté dans les chapitres précédents à propos de la partie supérieure du corps et des bras : tout exercice implique la séquence suivante : **(a) position, (b) mouvement et (c) résistance**, de façon à développer l'équilibre dynamique, la stabilité du tronc et l'intégrité articulaire.

En voici les grandes lignes :
a. **Positions** (trois) : droite, en supination et en pronation (DSP).
b. **Mouvements** (trois) : linéaire, circulaire, angulaire (LCA).
c. **Protocoles de résistance** (trois) : souplesse ; travail en chaîne fermée de résistance et avec utilisation du poids du corps ; travail en chaîne ouverte avec corde, sur machines et avec charges libres.

La souplesse, composante essentielle de l'entraînement

On peut consacrer toute une séance d'entraînement aux exercices d'assouplissement. Ils permettent aussi de s'échauffer en élevant la température centrale du corps avant une séance. Nous appliquons exactement les mêmes principes qu'au **chapitre 3**, mais à l'ensemble du corps, des pieds à la tête. Effectuez ces exercices de trois à sept fois par semaine, en alternant les séances verticales (debout) et horizontales (au sol).
Une séance verticale fait travailler les différentes parties du corps en les associant dans cet ordre : pieds, jambes, hanches, tronc, bras et mains. Continuez jusqu'aux épaules, région dont vous connaissez déjà de nombreux mouvements pour en développer la souplesse. La plupart de ces

exercices sont expliqués et illustrés aux **chapitres 3 et 4** ; nous reviendrons brièvement sur certains. Voici une séquence pour les épaules :

1. Élévations des épaules (LCA), les mains sur les hanches.
2. Scies, en maintenant les coudes à 90°.
   a. Effectuez des mouvements d'avant en arrière, de droite à gauche.
   b. Déplacez le bras gauche au-dessus du droit en avant.
   c. Tournez les paumes vers le haut (mains en supination) et tournez-les vers le bas (mains en pronation).
3. Poussées-tractions T-Flex (LCA)
4. T-Flex Why Me, pouces vers le haut et vers le bas.

Utilisation du poids du corps

Après le travail de souplesse, on exerce la totalité du corps en utilisant son poids comme résistance, des pieds aux mains, entre trois et quatre fois par semaine, sans dépasser son niveau de tolérance. (Il est toujours utile de revoir ce principe étudié en grande partie au **chapitre 2**).

Pompes. Voici deux variantes pour faire des pompes :
1. Avec un T-Flex aux épaules et les trois positions de main (DSP).
2. Avec un bras en T-Flex aux épaules et l'autre faisant des pompes.

Élévations des fessiers. Levez les fessiers en rapprochant les omoplates, les mains placées juste sous les hanches dans quatre positions (DSP plus vers l'arrière).

Élévations des coudes. Voici deux autres versions d'élévation des coudes, à partir d'une position de pronation.
1. Allongez-vous sur le ventre en position de grenouille morte (pour les pieds) et de cobra (pour le haut du corps) ; avec les avant-bras dans les trois positions (DSP), rapprochez les omoplates de trois à cinq fois par position.
2. Allongez-vous sur le dos sur une surface plane ; posez d'abord les mains sur les cuisses, puis levez-les jusqu'à la région du nombril comme variante ; ensuite, placez les pouces sous les aisselles comme troisième variante ; enfin, mettez les mains derrière la tête. Dans cha-

cune de ces positions, gardez les coudes au sol, levez la tête et les épaules, et rapprochez les omoplates.

Élévations latérales. Position : déplacez-vous sur le côté, alignez les chevilles, les genoux, les hanches et la colonne vertébrale avec le coude et l'avant-bras au sol et formant un angle de 90°.
Le bras qui n'est pas en appui doit former un T-Flex, avec la main sur la hanche. Ensuite, effectuez ces variantes :
1. Déplacez le corps de haut en bas.
2. En maintenant la tête stable, le corps exécute un quart de tour et se déplace de haut en bas.
3. Tout le corps tourne sur son axe formé par l'avant-bras et les pieds vers le sol (c'est-à-dire, le mouvement de rotation des hanches), puis effectue des élévations latérales.

Mouvements du tronc. Placez-vous avec ou sans médecine-ball entre les genoux ; levez les genoux, en gardant le dos droit, les genoux à 90° et les pouces sous les aisselles en T-Flex. Ensuite, faites ces variantes :
1. Levez les genoux vers le nez, puis vers l'épaule droite et la gauche.
2. Le dos droit, les genoux à 90° et les mains derrière la tête ou près des hanches, baissez le nez (a) vers les genoux, (b) vers l'épaule droite et la gauche, (c) vers le genou droit et le gauche, et (d) tendez les genoux.
3. Le dos droit, les genoux à 90°, et un médecine-ball dans les mains, effectuez des torsions du tronc puis des tic-tac à droite et à gauche en tendant les bras.

Stabiliser les jambes. Pour travailler l'équilibre et la stabilité des jambes, placez-vous le dos contre un mur en fléchissant les genoux à 90° avec les pouces sous les aisselles. Commencez avec les orteils droits, puis en supination et en pronation. Maintenez chaque position entre 30 s et 12 mn selon votre tolérance.

Travail de tirage avec corde

Par définition, ce type de séances nécessite des cordes extensibles à différents degrés et un système de poignées correct du point de vue ergonomique. Ce protocole d'entraînement, conçu pour améliorer la stabilité et l'endurance articulaires, sollicite les muscles synergiques en accord avec les mouvements requis au travail ou dans les loisirs. Effectuez ce travail entre 3 et 7 fois par semaine.

Corde et corps. Procédez comme pour les séances verticales de souplesse, vers le haut, de la partie inférieure du corps aux abdominaux et à la région lombaire, puis jusqu'aux épaules pour faire des élévations. Augmentez ou diminuez la résistance en adaptant le degré de tension de la corde à votre tolérance.
Reportez-vous aux chapitres sur la souplesse et l'utilisation du poids du corps (surtout les **chapitres 3 et 4**). Ajoutez aussi ces séances :
1. Curls de biceps et de triceps.
2. Oiseau.

Corde, corps et support. Fixez la corde à un poteau, une porte ou une barrière. Voici des variantes efficaces, à exécuter entre 5 et 15 répétitions :
1. Rapprochement des omoplates T-Flex, en alternant la position des mains (DSP).
2. Cercles d'avant en arrière T-Flex, mains en position DSP.
3. Mouvements de nage d'avant en arrière, mains en position DSP.
4. Mouvements de l'auto-stoppeur ; pouces vers le haut, le bas, la droite et la gauche, un bras à chaque fois.
5. T-Flex des deux bras, pouces vers haut puis vers le bas.
6. T-Flex inverse, reprenez les étapes 1, 2 et 3.
7. T-Flex inverse des deux bras, pouces vers le bas puis vers le haut.

Travail d'endurance

Après avoir mis en place ce protocole d'entraînement pour tout le corps, on peut exécuter correctement un travail d'endurance qui implique des préparations aérobie et anaérobie à inclure entre 3 et 7 fois par semaine dans vos séances.
La bonne santé cardio-vasculaire peut définir l'endurance. Envisagez les choses sous cet angle : le cœur et les poumons forment le système qui approvisionne le sang, source d'énergie pour l'ensemble des activités physiques, lequel apporte l'oxygène et les nutriments aux muscles, au

tissu conjonctif et à l'ossature, afin de préparer le corps à l'effort ou de le remettre en forme. En ce qui concerne les micro- et les macrocycles, l'endurance développe les capacités aérobie et anaérobie du système cardio-pulmonaire grâce à l'oxygène. En gros, *aérobie* signifie que l'oxygène est disponible, *anaérobie* que son utilisation est élevée ou qu'il en manque. Plus les muscles reçoivent d'oxygène, plus ils peuvent travailler longtemps, récupérer rapidement et mieux *se renforcer*. Le travail d'endurance est une préparation aérobie et anaérobie.

Préparation aérobie

La préparation aérobie apprend au corps à utiliser l'oxygène efficacement. Celui-ci entre constamment dans les poumons, et le cœur peut en approvisionner les muscles à une fréquence régulière et confortable. La marche à pied, le footing, le cyclisme (en extérieur ou en intérieur) et la natation sont des sports qui favorisent ce processus parce qu'ils ne provoquent pas de tensions excessives au niveau des articulations. Pratiquez de 20 à 40 mn d'activité aérobie entre 3 et 7 fois par semaine.

À ce stade, on pourrait associer l'efficacité aérobie avec des niveaux d'intensité et des zones d'entraînement, mais cela n'est pas nécessaire. Un principe de base permet de s'exercer correctement : si vous êtes incapable de poursuivre une conversation pendant une activité aérobie, votre niveau d'intensité est trop élevé.

Votre corps manque alors d'oxygène pour continuer à fournir des efforts. Pour mieux comprendre, sachez qu'il n'y a que 15 calories (brûlées) d'écart entre une heure de marche rapide et une heure de footing.

Si vous marchez ou courez (à l'extérieur, à l'intérieur, sur une machine ou dans le petit bain d'une piscine), faites-le en arrière et sur les côtés (kariokes), selon votre tolérance, pendant une partie de la séance. En extérieur, veillez à choisir une surface plane et sans danger. Grâce à leurs barres, les machines sont idéales pour travailler de façon équilibrée. Si vous faites du vélo d'appartement, pédalez en arrière une partie de la séance. Pourquoi ces mouvements en avant, en arrière et sur les côtés ? Parce qu'en les combinant, on sollicite tous les muscles des extrémités qui entraînent le mouvement et on force les abdominaux et la musculature du bas du dos à travailler davantage pour stabiliser le tronc et la posture. On applique le même concept pour faire des relevés de buste et des crunches. Essayez et vous serez surpris !

Si le contrôle de votre poids corporel fait partie de vos objectifs d'entraînement, vous brûlerez mieux les tissus adipeux avec une activité aérobie (et une bonne alimentation). Enfin, si c'est possible, travaillez aussi dans l'eau pour éviter le stress mental et physique de la stagnation qui résulte d'un entraînement monotone. S'exercer dans l'eau permet également de ménager les articulations par rapport aux chocs générés par la course à pied et la musculation.

Préparation anaérobie

Quand on parle de l'intensité de l'exercice et de la capacité pulmonaire, ou d'un entraînement centré sur l'augmentation du VO2max, il s'agit de préparation anaérobie. La quantité d'oxygène que les poumons peuvent contenir varie en fonction de leur taille et de leur fonctionnement. Pour en augmenter la taille et améliorer l'apport d'oxygène dans le sang, il faut épuiser toutes les ressources du corps en oxygène, en effectuant très souvent des séries courtes d'effort intense avec de brefs temps de récupération. Pour accroître votre capacité anaérobie en vous entraînant à l'extérieur, sprintez sur une piste ou dans l'eau, grimpez des côtes, faites des exercices de pliométrie, du step, des sauts (en longueur et en hauteur), etc. La corde à sauter donne de bons résultats à l'intérieur. Variez votre entraînement pour augmenter plus rapidement votre VO2max.

Une dernière chose sur le développement de l'endurance : la forme physique est aussi importante pour les culturistes aux muscles très apparents que pour ceux qui commencent à sculpter leur corps. Elle facilite la préparation à l'effort musculaire et la récupération. Elle rend la vie plus agréable entre les micro- et les macrocycles d'entraînement.

Maintenant que vous savez comment faire pour mieux approvisionner le sang en oxygène, étudions comment améliorer la composition sanguine, en analysant le rôle de l'alimentation dans le métabolisme.

Alimentation et métabolisme

Un métabolisme fonctionnel nécessite une alimentation adaptée de façon à créer un équilibre entre l'activité physique souhaitée, quelle qu'elle soit, et la composition sanguine requise. Pour y parvenir, diversifiez votre alimentation, changez-en, prenez des suppléments nutritionnels et des vitamines.

Pensez à cet équilibre pour dissiper certains préjugés sur la forme physique et la corpulence. On peut comparer le métabolisme à un moteur toujours en marche, qu'il tourne au ralenti (pendant que vous dormez) ou à plein régime (à l'entraînement ou pendant les compétitions). Le corps fonctionne mieux lorsqu'il est correctement entraîné et alimenté. Paradoxalement, les muscles et la composition du sang ont tendance à s'entraider (équilibre homéostasique), avec ou sans votre aide, mais il s'agit d'un long processus.

Les Américains sont obsédés par la graisse, probablement parce qu'ils continuent à grossir après avoir tout essayé. Être en proie à ce genre d'idée fixe n'aide pas à façonner son corps comme on le désire ni à rester en forme. D'innombrables magazines de santé traitent d'excès de poids, mais aussi de manque de graisse.

Oui, nous parlons bien de *manque* de graisse ! Certains ont du mal à croire que le corps en a besoin. Selon le patrimoine génétique et les exigences du métabolisme, les « bonnes graisses » doivent constituer entre 10 et 33 % de l'alimentation quotidienne, même si nous vivons dans un monde de produits allégés ou sans matières grasses. L'embonpoint n'est pas une maladie, mais un symptôme. Une femme mince, mais en mauvaise condition physique et dont l'alimentation très riche en glucides ne laisse pas ou peu de place aux lipides, risque plus de perturber son métabolisme qu'un homme d'un certain âge, en forme malgré sa légère corpulence !

Pour contrer les préjugés sur la graisse, définissons-la en fonction de la *forme* et non de l'*embonpoint*. Intéressez-vous d'abord aux améliorations de votre condition physique. La graisse accumulée brûle en dernier ; c'est pourquoi les mesures se font en centimètres et non en kilos. On estime mieux la forme en calculant la densité corporelle (voir **tableau 10.1**) que le niveau de graisse parce qu'un muscle sec pèse plus qu'un muscle charnu. Les nerfs travaillent dans les muscles, pas dans la graisse, et il faut quatre fois plus d'énergie pour mouvoir 500 g de graisse que 500 g de muscle. En fait, on peut manger (sans suivre de régime), prendre du poids tout en réduisant son tour de taille, gagner en énergie et travailler ou jouer plus efficacement si *la remise en forme est fonctionnelle*. Ce principe nous ramène à l'entraînement correct pour renforcer les bras et la partie supérieure du corps.

Aux États-Unis, en 1998, quand le ministère de la santé a redéfini le *fitness*, quelque 29 millions d'Américains se retrouvèrent obèses du jour au lendemain. Voici l'extrait d'un tableau qui montre les nouveaux standards de taille, d'indice de masse corporelle (IMC) et de poids :

Tableau 10.1
STANDARDS DE TAILLE,
D'INDICE DE MASSE CORPORELLE (IMC) ET DE POIDS

Indice de masse corporelle (IMC) = poids en kg/(taille en m)²

	En bonne santé	En bonne santé auparavant, trop gros à présent			Trop gros	
IMC →	**23**	**24**	**25**	**26**	**27**	**28**
1,52 m	53	56	58	60	63	65
1,55 m	55	58	60	62	65	67
1,60 m	59	61	64	66	69	72
1,65 m	63	65	68	71	73	76
1,70 m	66	69	72	75	78	81
1,75 m	70	73	77	80	83	86
1,80 m	74	78	81	84	88	91
1,85 m	79	83	86	89	93	96
1,90 m	83	87	91	94	98	102

Source : *Newsweek* (juillet 1998)

Équilibrer l'activité et la composition sanguine

Une alimentation *équilibrée* contient les bonnes proportions de protéines, d'hydrates de carbone simples et complexes et les bonnes graisses. *Diversifier* son alimentation signifie ne pas manger deux fois la même chose cuisinée à l'identique en 72 heures. La *compléter* consiste à trouver la combinaison correcte de vitamines, de minéraux, d'enzymes digestives et d'antioxydants, qui permettra au corps de combler les carences éventuelles de votre alimentation quotidienne (le **tableau 10.2** donne une liste de ces suppléments).

Les conservateurs, les hormones de croissance, les aliments trop cuits et ceux qui ont subi trop de traitements interagissent dangereusement avec les radicaux libres et les substances cancérigènes du corps. En général, les suppléments contribuent à protéger le sang et le système immunitaire de ces risques.

Les scientifiques ont établi depuis longtemps le rapport entre la consommation de thé vert et les faibles taux de cancer de l'estomac et de maladie cardiaque chez certaines populations asiatiques. De nouvelles recherches suggèrent que le thé noir, issu des mêmes feuilles, offre des bienfaits similaires. Les feuilles de thé sont plus riches en flavonoïdes et polyphénols (antioxydants) que la plupart des fruits et des légumes. Ces composés chimiques semblent freiner le développement des tumeurs et aussi combattre les blocages artériels dont résultent infarctus ou attaques d'apoplexie.

Principes d'amélioration alimentaire

Pour améliorer votre alimentation, choisissez des activateurs du métabolisme qui suppléent (1) à votre patrimoine génétique et (2) aux exigences de votre entraînement physique, de façon à augmenter vos performances au travail ou dans les loisirs. Ces substances ne suffisent pas à accroître la masse musculaire, la rapidité ou la force, mais elles permettent de s'exercer avec davantage d'intensité et de récupérer plus vite, optimisant ainsi le potentiel génétique et le temps de préparation physique. Comme les médias transmettent beaucoup de fausses informations à ce sujet, il est important d'établir quelques hypothèses, principes et applications.

Commençons par examiner des hypothèses généralement répandues. Outre les travaux de recherche que nous avons lus, nous nous sommes entretenus avec plusieurs spécialistes.

Nous avons consulté Rick Heitsch, docteur en médecine (au *Northwest Center for Environmental Health*), James Bradshaw (au *Southern California Sports Supplements*), Maggie Zepf (au *Great Earth Vitamin Store*) et Tyler Selzer (chez *Seltzer Chemicals*).

Tableau 10.2
SUPPLÉMENTS

Enzymes digestifs (facilitent le métabolisme des protéines, des hydrates de carbone et des lipides)
Cocktails de vitamines (quand les vitamines nécessaires manquent dans l'alimentation quotidienne)
Cocktails de minéraux (pour combler les carences en minéraux)
Vitamine C (antioxydant ; participe au métabolisme du collagène)
Vitamine E (antioxydant ; améliore l'état du système cardio-vasculaire et accroît le taux de HDL, « bon cholestérol »)
Bêta-carotène (antioxydant ; améliore l'état des tissus pulmonaire et oculaire, protège des ultraviolets)
Sélénium (antioxydant ; combat le cancer, améliore l'état du foie)
Pycnogynol (antioxydant ; améliore l'état du tissu conjonctif, des articulations et des nerfs)
Lycopène (antioxydant, combat le cancer)
Acide alpha lipoique (antioxydant ; favorise la prise de glucose, l'endurance et la protection cellulaire)
CoQ10 (antioxydant ; stimule les mitochondries [les cellules musculaires cardiaques en possèdent un grand nombre], augmente la présence d'ATP)
Acide folique (contribue au bon fonctionnement du cœur et à la guérison tissulaire)
Chaîne d'acides aminés et acides aminés dérivés (avec l'exercice, facilitent l'action musculaire de se pencher)
Picolinate de chrome (avec l'exercice, permet de mieux brûler les graisses)
Sulfate de glucosamine (contribue à faciliter la bonne santé des articulations et du tissu conjonctif)
Acidophilus (contribue à faciliter la digestion, développe les bactéries naturelles dans l'appareil digestif)
Gingko biloba (facilite la circulation sanguine et la mémoire)
Kava (peut aider à surmonter les anxiétés légères)
Millepertuis (aide à surmonter les dépressions légères)
Echinacea (permet d'éviter plus facilement les rhumes et les grippes en renforçant les défenses du système immunitaire)

Tout d'abord, nous pensons que la *zone alimentaire* de Barry Sears, qui préconise une alimentation quotidienne composée de 40 % de glucides (hydrates de carbone), 30 % de lipides et 30 % de protéines, constitue un bon point de départ. Bien sûr, pour optimiser vos performances, ajustez ces pourcentages selon vos antécédents et les informations disponibles sur votre patrimoine génétique. À mesure des progrès de la recherche, il faut continuellement actualiser ces informations, et corriger son alimentation en conséquence.

Deuxièmement, les performances sont limitées par le potentiel génétique : elles dépendent du métabolisme des lipides et des sucres essentiels (hydrates de carbone) pendant l'activité physique. Ces sucres, principalement les polysaccharides et les monosaccharides, sont des molécules de reconnaissance qui aident le système immunitaire.

Le patrimoine génétique complète les quatre aspects de la performance sportive mentionnés précédemment : fonctionnel, psychologique, physique (développement de la force) et nutritionnel (production d'énergie). La génétique permet une production d'énergie corporelle globalement similaire chez tous les mammifères et encore plus chez les hommes, mais il existe trop de différences dans les détails pour que chacun puisse atteindre facilement son potentiel réel.

Une physiologie optimale implique un apport adéquat de substances nutritives, à savoir les sources d'énergie (calories), l'eau, l'oxygène, les cofacteurs (vitamines et minéraux) et les substances spécifiques dont le corps a besoin et qu'il ne peut produire autrement (acides gras essentiels et acides aminés essentiels, et peut-être certains sucres essentiels et d'autres hydrates de carbone). Il nous reste encore beaucoup à apprendre à ce sujet, en particulier à propos des sucres essentiels et d'autres hydrates de carbone.

Cependant, il semble clair que le corps humain a le potentiel génétique pour s'adapter aux circonstances lorsqu'il reçoit les matières premières requises. Il peut aussi identifier ses besoins en substances chimiques, et les produire pour rétablir l'équilibre. Par exemple, un repas riche en hydrates de carbone provoque la libération (et la création) d'hormones (insuline, cortisone et hormone thyroïdienne), entraînant la production par le foie d'enzymes lipogéniques qui sont ensuite libérées. Les hydrates de carbone sont alors transformés et stockés sous forme de graisse. Ce processus n'intervient que si le corps nécessite un repas riche en hydrates de carbone.

N'oubliez surtout pas que le potentiel génétique individuel détermine la capacité à réguler ces matières dans tout système du corps.
Les personnes dont la capacité à assimiler les hydrates de carbone est limitée ou trop importante, peuvent développer une insensibilité à l'insuline, ce qui provoque des diabètes de type II.

Schéma de l'énergie liée à l'effort

L'énergie liée à l'effort suit un certain schéma. Pour atteindre vos objectifs, associez des périodes de repos selon la source d'énergie employée. Le corps en utilise trois différentes dont chacune correspond à un régime d'entraînement spécifique (voir la **figure 10.1**). L'ATP (adénosine triphosphate) et la créatinine-phosphate fournissent l'énergie principale pour les exercices très intenses de moins de 30 secondes. Entre 30 secondes et 2 minutes, les exercices moyennement intenses sollicitent le système glycolytique, plus rapide, et les exercices peu intenses qui dépassent 2 minutes entraînent des réactions d'oxydation libérant de l'énergie.
Ce schéma de l'énergie joue un rôle important pour déterminer les effets potentiels de l'alimentation et des suppléments sur la pratique sportive ou l'entraînement. En d'autres termes, choisir des suppléments dont les propriétés augmentent la production d'énergie et l'endurance favorise les progrès.

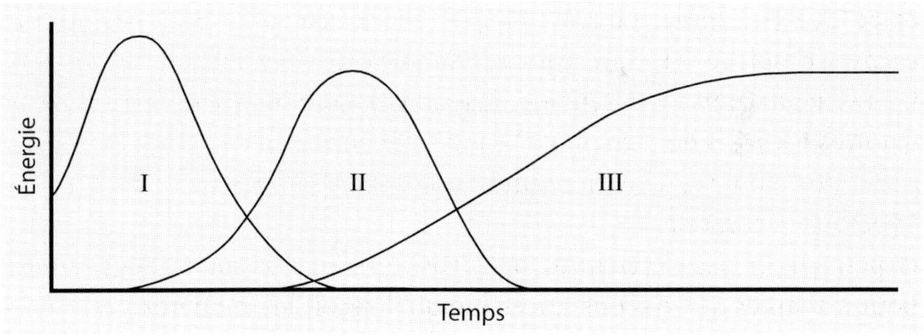

I. Entre 0 et 6 s, emploi de l'ATP et du glycogène stockés dans les muscles ; exercice très bref d'une force très rapide.
II. Entre 10 s et plusieurs minutes, emploi de différentes sources d'énergie ; activité anaérobie (absence d'oxygène) limitée par l'accumulation d'acide lactique.
III. Entre 15 min et plusieurs heures, emploi du glucose, des graisses et ensuite des protéines comme sources énergétiques ; activité aérobie, échauffement lent pour activer les enzymes, la capacité à réguler l'augmentation des enzymes (endurance) est déterminée par l'entraînement et la génétique.

Figure 10.1 Courbe énergie/temps des trois systèmes d'énergie.

Régulateurs sanguins

Les substances destinées à pallier les troubles hormonaux et de la composition du sang peuvent être classées en deux catégories : les régulateurs hormonaux et les régulateurs sanguins, activés grâce à certains aliments et suppléments dont la consommation permet d'améliorer les performances sportives.

Monohydrate de créatine

La créatine, substance nutritive essentielle composée d'acides aminés, est naturellement produite par l'organisme pour fournir l'énergie requise par les contractions musculaires. Les fabricants prétendent que les suppléments peuvent développer la taille et la force des muscles quand on les associe à un travail de résistance, comme la musculation. La créatine augmente l'apport en phosphate dans la production d'adénosine triphosphate (ATP). Cela signifie que l'ATP utilisée dans une activité (et transformée en ADP avec libération d'énergie) est régénérée plus vite et plus durablement. Il en va de même pour la récupération d'un sportif qui exécute des actions très rapides faisant appel à l'ATP. Concrètement, vous devriez être capable, par exemple, de maintenir plus longtemps la vitesse des balles que vous lancez au base-ball.

L'augmentation du poids corporel et de la taille des muscles est probablement due à la rétention d'eau dans les tissus musculaires, effet secondaire connu dans d'autres tissus. Voici ce qu'il faut retenir : le monohydrate de créatine a sûrement une valeur, mais son utilité est limitée par ses effets secondaires et par le patrimoine génétique individuel (son action est nulle dans 20 à 30 % des cas). Jusqu'à présent, il n'a pas permis aux coureurs ni aux nageurs de mieux sprinter.

Plusieurs études importantes, dont une du *European Journal of Applied Physiology* et une de la revue *Clinical Science*, ont établi qu'un apport quotidien de 20 à 30 grammes en monohydrate de créatine améliorait la force nécessaire aux exercices très intenses en condition anaérobie (comme les courtes périodes d'effort intense en musculation et les phases de sprint à vélo). Ce supplément semble aussi retarder l'épuisement musculaire pendant les séances anaérobies très intenses, mais il ne profite quasiment pas aux athlètes pratiquant des sports d'endurance (course à pied, cyclisme et autres activités aérobies), dont la source principale d'énergie provient davantage de l'oxygène que de la créatine, comme le montrent ces recherches et d'autres.

Le monohydrate de créatine présente-t-il des risques pour la santé ? Aucune contre-indication sérieuse n'a été décelée, mais des revues médicales ont publié les témoignages anecdotiques de médecins qui font état d'un accroissement de la fréquence des crampes musculaires et de la déshydratation chez des patients prenant de la créatine.
Cependant, aucune étude n'a encore été menée sur l'innocuité de cette substance à long terme.

Butyrate de méthyle-bêta-hydroxy-bêta (BMH)

Le butyrate de méthyle-bêta-hydroxy-bêta (BMH) dérive de la leucine, acide aminé naturel, qui régule le métabolisme protéique. C'est pourquoi un apport important en BMH peut diminuer la rupture des protéines et augmenter ainsi la force et la taille des muscles. Deux études sérieuses indiquent que le BMH marche vraiment, après avoir testé son efficacité sur des sujets qui en ont pris 3 g par jour en suivant un programme d'exercice. L'augmentation de la force et de la masse musculaires et la réduction des tissus adipeux se sont révélées beaucoup plus importantes chez ces sujets, qui n'ont fait état d'aucun effet secondaire, mais les risques pour la santé n'ont pas encore fait l'objet de recherches.

Éphédrine

L'éphédrine, alcaloïde extrait de la plante *Ephedra*, se trouve dans divers produits qui favorisent l'accroissement d'énergie et la perte de poids. Tous les spécialistes s'accordent sur le fait qu'il s'agit d'une amphétamine stimulant les systèmes nerveux central et cardio-vasculaire. Certains en interprètent les effets comme une augmentation d'énergie, d'autres comme de la nervosité, de l'hyperactivité ou des accès de folie. Aux États-Unis, entre janvier 1993 et mai 1998, l'office du contrôle pharmaceutique et alimentaire (FDA) a enregistré plus de 800 plaintes sur les effets secondaires liés à la prise d'éphédrine, dont des attaques cardiaques, des vomissements, des palpitations, et la mort de 40 personnes (parmi lesquelles des jeunes hommes actifs). Les enquêteurs font surtout part de leur inquiétude au sujet des risques d'augmentation des effets de l'éphédrine quand on l'associe à la caféine. La FDA tente actuellement d'en limiter les doses prescrites. Les fabricants disent qu'on ne dispose pas d'informations suffisantes pour conclure à la responsabilité de cette substance dans les décès et maladies signalés. Ils soutiennent qu'elle n'est pas nuisible si l'on se conforme à la prescription. Encore une fois, aucune recherche définitive n'a été effectuée.

Pyruvate

Les mécanismes qui améliorent l'endurance et l'utilisation du glucose semblent être basés sur l'action du pyruvate, lequel stimule la régulation de différents systèmes enzymatiques en présence de certaines hormones endogènes.
Des recherches ont jadis montré que le pyruvate active le métabolisme des hydrates de carbone chez des sujets non entraînés. Ce processus diminue avec le niveau d'entraînement. Des recherches récentes indiquent qu'il semble avoir des effets à long terme comparables à ceux d'un régime riche en hydrates de carbone (tolérance à l'insuline, etc.). Retenez que cette substance joue un rôle similaire à celui des hydrates de carbone, mais que son influence est minime chez les sportifs en bonne condition physique ; le pyruvate peut favoriser l'endurance, pas les actions très rapides.

Oryzanol gamma

L'oryzanol gamma et son principal élément actif, l'acide férulique, développeraient la capacité des cellules musculaires à extraire le glucose du sang. Plusieurs années de recherches et d'essais poussés pour créer un produit efficace ont jusqu'à présent donné peu de résultats satisfaisants, mais les études se poursuivent. Si l'oryzanol gamma s'avère utile, on l'associera probablement davantage à des sports d'endurance qu'à ceux qui nécessitent des mouvements très rapides.

Régulateurs hormonaux

Ces dernières décennies, les sportifs souhaitant accroître leurs performances ont manifesté un intérêt croissant pour les régulateurs hormonaux. Ces suppléments ont néanmoins suscité autant d'inquiétude.

Hormone de croissance (human growth hormone = HGH)

Quel que soit l'âge, le travail de résistance stimule la libération de l'hormone de croissance dans le sang et dans le corps. On l'emploie en thérapeutique pour lutter contre le vieillissement. Elle peut aussi développer la tonicité musculaire et entraîner une sensation générale de bien-être. Un dosage moyen (jusqu'à quatre unités internationales par semaine) ne provoque pas ou très peu d'effets secondaires, mais on peut douter de son utilité chez les *jeunes* sportifs. De nombreux suppléments améliorent sa libération naturelle dans le sang. Pour les personnes d'âge mûr, il s'agit sûrement d'un moyen efficace, sans danger et peu onéreux, pour tirer plus de bienfaits du temps et des efforts consacrés à l'entraînement.

Androsténédione

L'androsténédione, précurseur hormonal direct, est utilisé par le corps pour créer la testostérone, principal régulateur de la croissance et de la réparation des tissus musculaires. Les compagnies qui le commercialisent affirment que favoriser la libération de testostérone (avec des suppléments) permet d'en augmenter le taux dans le sang et de gagner ainsi en masse musculaire et en force physique.

Les statistiques fournies par les fabricants sur l'efficacité de cette substance proviennent très souvent d'une étude est-allemande d'il y a 20 ans (qui a néanmoins contribué à l'obtention d'un brevet). D'après celle-ci, un supplément quotidien de 100 mg d'androsténédione augmente de 237 % la libération de testostérone chez les hommes et de 600 % chez les femmes. Les notices indiquent, certes, cette augmentation de 237 à 600 %, mais elles signalent rarement la différence selon les sexes. Cependant, les (ex-) Allemands de l'Est administraient une forme de cette substance par voie nasale, censée accélérer son assimilation. Aucune étude américaine n'a été publiée sur le rôle des suppléments à base d'androsténédione dans la production de testostérone, en dépit des nouvelles recherches menées récemment à l'université du Texas (Arlington), dont certaines informations furent divulguées en février 1999.

Aucune étude n'a été consacrée aux risques pour la santé. Les détracteurs pensent qu'un taux artificiellement élevé de testostérone peut entraîner des problèmes, comme un accroissement des risques de crise cardiaque et de maladies psychologiques graves. Les partisans ripostent en disant qu'il est improbable que des augmentations relativement faibles de testostérone, puissent provoquer de graves effets secondaires. Les deux camps s'accordent cependant sur le fait qu'il ne faut pas donner d'androsténédione ou d'autres stéroïdes hormonaux aux garçons avant la fin de l'adolescence, en raison de l'importance de leur taux de testostérone à la puberté.

DHEA (déhydroépiandrostérone)

Comme l'androsténédione la DHEA (déhydroépiandrostérone) stimule la libération de testostérone, et ceux qui en préconisent l'usage suggèrent qu'elle permet d'augmenter la masse musculaire, de freiner le vieillissement et d'améliorer le bien-être mental.

Les deux études souvent citées, l'une du *Journal of Clinical Endocrinology and Metabolism* et l'autre des *Annals of the New York Academy of Sciences*, révèlent qu'on observe une augmentation du taux de testostérone chez les hommes de plus de 40 ans ayant pris de la DHEA, mais on ne sait pas vraiment si cet effet est directement lié aux propriétés « anti-âge » annoncées, comme la réduction des tissus adipeux. On ne sait pas non plus si les hommes de moins de 40 ans en tirent un quelconque bienfait. La diminution du taux de testostérone, comme facteur principal, est toujours à l'étude.

Les détracteurs déclarent que cette molécule stimule la libération de testostérone mais aussi des hormones œstrogènes, ce qui peut entraîner une hypertrophie mammaire chez les hommes.

D'après eux, elle pourrait augmenter les risques de cancer de la prostate.

Les partisans maintiennent qu'un usage à court terme et à de faibles doses (inférieures à 50 mg par jour) est sans danger. En 1996, la FDA a interdit la mise sur le marché de la DHEA comme substance thérapeutique destinée à combattre le vieillissement, la baisse de la libido et d'autres troubles. Les fabricants continuent pourtant à en vendre en tant que complément alimentaire, en invoquant la législation protectrice de 1994.

Autres stimulateurs hormonaux

Il existe plusieurs autres stimulateurs hormonaux qui méritent qu'on s'y intéresse. En voici un aperçu :

- La diascorhea permet la libération d'autres hormones stéroïdes, et elle se transforme en différentes substances utiles.
- Le prégnenolone est encore plus proche d'autres hormones stéroïdes, mais comme sa transformation entraîne moins d'effets souhaités, son efficacité reste à prouver.
- Les anabolisants produisent des effets bien connus, à savoir l'augmentation de la masse musculaire et de l'agressivité, mais aussi des complications cardiaques, circulatoires et cancéreuses.

Pour résumer, jusqu'à ce qu'on en sache plus sur les effets secondaires à long terme, soyez prudents et n'essayez *aucun* stimulateur hormonal sans surveillance médicale.

Pour l'instant, nous conseillons de prendre des doses inférieures aux besoins physiologiques (sans rechercher d'action thérapeutique) en ce qui concerne la DHEA (<50 mg/jour), le prégnenolone (<100 mg/jour) ou l'androsténédione (<100 mg/jour). Nous déconseillons les anabolisants parce que les effets secondaires, démontrés ou non, l'emportent sur leurs éventuels bienfaits.

N'oubliez pas que c'est l'entraînement qui est profitable, pas les produits chimiques. Faites travailler vos méninges ! Ce conseil est une transition parfaite pour passer à la dernière partie de ce chapitre sur l'entraînement général.

Gérer le mental et l'émotionnel

Tout le monde sait que si l'on n'est pas dans le bon état d'esprit, on tire, au mieux, des avantages minimes des préparations physique, nutritionnelle et biomécanique. Comment adopter une optique correcte et s'y tenir ? Comment rester motivé à l'entraînement, étant donné le stress et les tâches de la vie quotidienne ?

Bien qu'il ne soit pas facile de répondre à ces questions, nous avons constaté l'existence de caractères communs chez les athlètes d'élite et les débutants motivés.

Le premier facteur est la persévérance. Quand on est motivé, on trouve toujours la possibilité de s'entraîner. La persévérance est une affaire personnelle qui consiste à vouloir améliorer sa qualité de vie en adoptant les principes d'engagement, de régularité et d'organisation, indispensables pour bien se préparer. Toutes les formes de préparation doivent répondre à un minimum d'*objectifs personnels.*

Savoir où vous allez peut faire pencher la balance en votre faveur ou en votre défaveur. Si vous êtes dans l'incertitude, vous n'en mourrez pas, mais vous ne progresserez pas non plus. Se prendre en main permet d'être cohérent. Observez les gens qui réussissent et vous constaterez, que, quels que soient leur milieu social, leur intelligence, leur âge ou leur origine, ils passent tous par des étapes qui les mènent à diriger leurs actes.

Tout d'abord, vous devez vous connaître pour vous aider. On peut distinguer quatre niveaux de conscience de soi par lesquels il faut passer, et qui dépendent du savoir-faire, des connaissances ou de l'expérience, et des performances au travail ou dans les loisirs :

1. Inconsciemment incompétent (vous ne savez « rien » et vous ne pouvez rien faire).
2. Consciemment incompétent (vous savez quelque chose, mais cela ne vous sert à rien).
3. Inconsciemment compétent (vous ne savez rien ou presque, mais vous y arrivez quand même).
4. Consciemment compétent (vous savez ce dont vous avez besoin et vous parvenez très bien à le faire).

Bien sûr, vous aimeriez déjà être au niveau quatre. Le troisième niveau marche jusqu'à ce qu'on commence à échouer trop souvent et qu'on n'arrive pas à corriger ses défauts. Le deuxième niveau est généralement un problème de savoir-faire qui procure peu de bienfaits salutaires, et la première catégorie correspond au niveau de départ.

Cette prise de conscience nécessite une autoévaluation objective. Parmi ces quatre catégories, déterminez celle à laquelle vous appartenez actuellement, même si vous n'en êtes pas satisfait. Ensuite, définissez les étapes à suivre en faisant le point sur vos objectifs. Ainsi, l'action conjuguée du corps et de l'esprit rendra votre préparation bien plus efficace. Définir un ou plusieurs objectifs permet de travailler dur dans la bonne direction. Bien sûr, évaluer son niveau ramène parfois brutalement à la réalité, mais ne laissez pas cet obstacle entraver votre route vers le perfectionnement de vos connaissances.

Comprendre ses émotions est une condition préalable à la démarche entreprise. On apprend à gérer des niveaux optimaux d'émotion, pas à les contrôler, mais à les diriger. La colère, l'euphorie, l'agressivité, la peur, l'anxiété et le manque d'assurance sont tous des émotions normales que l'on accepte au travail ou dans les loisirs, à condition de les manifester au bon moment et au bon endroit et pour de bonnes raisons. Dans le sport et dans la vie, les personnes expérimentées éprouvent ces émotions intenses pendant les compétitions, tout comme les débutants exaltés qui n'ont pas appris à les gérer correctement. Avec l'expérience, on se laisse

rarement envahir par ses émotions. Les gérer est un savoir-faire qui s'apprend et qui peut grandement contribuer à la réussite, et à l'échec.
La plupart des gens comprennent qu'il faut être objectif, et tiennent compte de leurs succès ou de leurs échecs au travail pour progresser. Cependant, c'est le *sentiment* qui accompagne le succès ou l'échec qui pose souvent des problèmes. Ce sentiment, intérieur et propre à chacun, dépend des systèmes psychologique, nerveux et immunitaire. Le corps y répond par l'effort, la fuite ou le blocage ! Les émotions constituent un sous-ensemble de ces réponses physiologiques. Il est normal d'avoir des sentiments et des émotions, qui peuvent survenir à tout moment avec n'importe qui, et selon n'importe quelle combinaison. Ne négligez pas vos sentiments ; travaillez-les et gérez-les. Ne les laissez surtout pas gêner votre préparation ni vos performances à long terme.
Entretenir la motivation est un autre facteur important pour se diriger. Le *fitness* est source d'échec et de réussite. Tout le monde peut rester motivé quand tout va bien. Mais il faut être conscient que l'entretien de la motivation exige de la persévérance, en raison du caractère inévitable de certains échecs. Estimez rapidement ce qui vous permet de rester motivé, parce que seuls ceux qui persévèrent font des progrès.
Voici quelques principes utiles :

- Avant toute décision importante, demandez-vous ce que vous allez en tirer, si vous ne risquez pas de faire du tort aux autres ou à vous-même, si elle est en accord avec vos convictions et vos objectifs, si elle est conforme à la réalité telle que vous la percevez et si vous êtes prêt à en accepter toutes les conséquences.
- Pour poursuivre votre engagement avec succès et avoir plus d'amour propre, persévérez dans votre quête du bonheur.
- Choisissez de vous traiter avec dignité et continuez à vous diriger vers la réussite avec passion, sagesse, liberté et joie. Soyez maître de vous-même.
- Pour libérer votre potentiel de compétition des restrictions provenant de votre subconscient, autorisez-vous à être vous-même et à agir comme vous le souhaitez. On ne peut pas se respecter quand on n'est pas fidèle à ses idéaux ni quand on renonce à mener une vie responsable pour atteindre ses objectifs.
- Soyez libre de choisir la réussite sans vous construire une prison de « il faut », « je ne peux pas » ni de « on ne me laissera pas faire ».

- Agissez librement. Considérez-vous comme une personne importante, digne d'estime et intéressante, plutôt que comme un parfait incapable, peu méritant et dont on ne peut rien tirer. Vous pouvez choisir d'être aimable, attentionné, serviable, loyal et compatissant, ou d'être paresseux, lâche, mesquin et déloyal. Optez pour le bonheur, la liberté et la réussite.
- En vous autorisant cette liberté, reconnaissez que vous êtes responsable de vos décisions et de vos actes et soyez prêt à en accepter les conséquences.
- Répondez de vos actes et assumez-en les bienfaits ou les souffrances.
- L'opinion qu'un autre a de vous, n'a rien à voir avec ce que vous pensez de vous.

Bien se préparer, s'informer et suivre les instructions, rend tout le processus efficace. En fin de compte, c'est la synergie de la persévérance avec une préparation correcte qui entretient la motivation, fait sortir de sa coquille et améliore la qualité de la vie.

Le principe d'inertie s'applique à la recherche de la forme ou de l'amélioration des fonctions : un objet au repos reste ainsi. Pour *surmonter votre inertie personnelle,* souvenez-vous que « qui veut voyager loin ménage sa monture ». Le développement de la forme est un parcours qui nécessite de franchir différentes étapes. Les culturistes ne sculptent pas leurs corps en un seul jour, mais progressivement. Les marathoniens ne courent pas 42 km dès le premier jour d'entraînement. De même, on ne prend pas de l'embonpoint et on ne perd pas sa forme du jour au lendemain. Commencez par la première étape et la suivante sera plus facile. Continuez les étapes progressivement et, avec le temps, vous atteindrez votre objectif !

CHAPITRE 11

PRINCIPES D'ENTRAÎNEMENT AVANCÉ

Nous avons déjà fourni une base complète d'exercices d'assouplissement, de stabilisation articulaire et de résistance des **chapitres 3 à 9**. Avant d'exposer les programmes spécifiques du **chapitre 12**, examinons la terminologie et les principes d'un entraînement plus poussé.

Types d'entraînement avancé

On peut classer les exercices par type. Nous décrivons et utilisons trois systèmes de classification pour vous aider à créer un programme et à le corriger. Le premier système sépare les exercices en fonction de la charge et de la vitesse d'exécution. Le deuxième les divise en deux catégories qui dépendent du type de sollicitation articulaire pour les exécuter : les exercices multiarticulaire et uniarticulaire. Le troisième système tient compte du plan dans lequel on accomplit le mouvement.

Système 1 : exercices isotoniques, isométriques et isocinétiques

L'entraînement comprend trois types généraux d'exercices. De nombreux programmes n'en incluent qu'un, d'autres appliquent les trois pour en tirer plus de profit personnel. Ces trois catégories d'exercices,

qui dépendent des charges et de la vitesse d'exécution, sont isotoniques, isométriques et isocinétiques.
Les exercices isotoniques impliquent une charge constante, mais le travail de résistance musculaire varie selon l'angle articulaire. L'emploi de charges libres en musculation en est un bon exemple.
Quand on fait un curl de biceps, la charge est constante pendant tout le mouvement, mais la résistance varie en fonction de l'angle formé par l'articulation du coude. Pendant les exercices isotoniques, les mouvements ordinaires des fibres musculaires sont concentriques et excentriques. Une action concentrique entraîne un raccourcissement des fibres musculaires pendant la contraction. Une action excentrique provoque un allongement du muscle sollicité à mesure qu'il développe la tension. Reprenons l'exemple du curl de biceps : l'action concentrique se produit quand on lève la barre ; l'action excentrique quand on la baisse.
L'exercice est *isométrique* quand il en résulte une contraction statique du muscle, contre un objet fixe (sans raccourcissement ni allongement musculaire).
Par opposition, l'exercice est isocinétique lorsqu'il répond au principe de la résistance auto-adaptée à l'effort fourni. La vitesse d'exécution du mouvement est constante pendant toute l'amplitude du mouvement (ADM). Les exercices isocinétiques incluent donc des actions excentriques et concentriques. Des machines spécifiques permettent de faire ce type d'exercices, souvent en rééducation.

Système 2 : exercices multiarticulaires et uniarticulaires

Ce système de classification distingue les exercices, non pas en fonction de l'effort fourni ni des charges employées, mais selon le mouvement lui-même. La plupart des exercices que nous avons décrits mobilisent une ou plusieurs articulations, processus étroitement lié à la physiologie du corps humain.
Les exercices multiarticulaires, basés sur le principe des mouvements articulaires du squelette, sollicitent plus d'une articulation selon une amplitude de mouvement spécifique, comme le développé couché qui fait travailler celles des coudes et des épaules.
Un exercice est uniarticulaire lorsque l'amplitude de mouvement n'entraîne qu'une seule articulation. Par exemple, pour faire un curl de biceps

à la barre, l'amplitude de mouvement pour soulever la barre ne fait appel qu'à celle du coude.

Système 3 : plans du mouvement et exercices

On peut aussi s'entraîner en tenant compte des différents plans du corps (voir **figure 11.1**). Les anatomistes divisent le corps en trois plans de mouvement : sagittal, transversal et frontal.

Le *plan sagittal* sépare le corps sur une ligne longitudinale, c'est-à-dire en deux parties : la gauche et la droite. Par exemple, pour faire un curl de biceps à la barre, on fléchit et on tend l'articulation du coude dans un plan sagittal.

Le plan *transversal*, qui sépare le corps en deux moitiés anatomiques (le haut et le bas), est perpendiculaire au plan sagittal. Pour vous en souvenir facilement, visualisez un cercle qui divise le corps en deux moitiés autour de sa section moyenne.

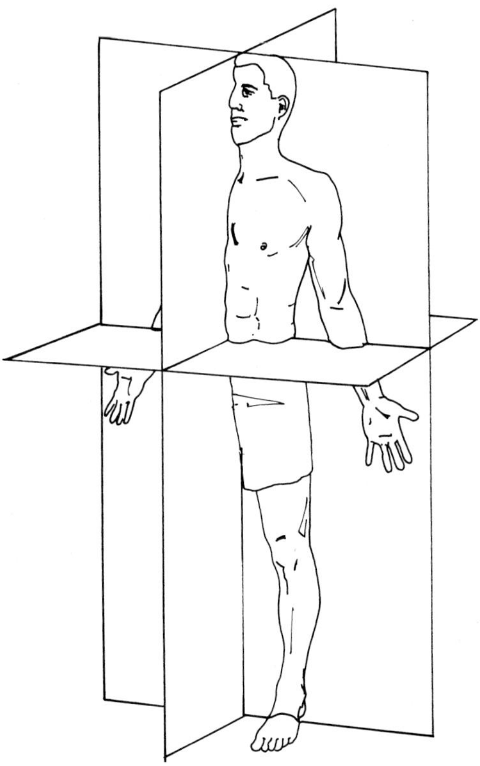

Figure 11.1 Les trois plans du corps humain.

Un mouvement biomécanique dans le plan transversal correspond à une *rotation* articulaire. Par exemple, la rotation interne de l'épaule se produit dans ce plan, comme la rotation à droite et à gauche du cou.
Le *plan frontal* divise le corps en deux parties : l'avant et l'arrière. La flexion et l'extension du tronc à gauche et à droite sont un exemple de mouvement dans ce plan.
L'important est de se souvenir que les mouvements s'accomplissent dans de nombreux plans. Le corps n'est pas unidimensionnel en ce qui concerne le mouvement ; il fonctionne dans trois dimensions. Dans tout le livre, nous avons insisté sur le fait que le mouvement du corps est successivement linéaire, circulaire et angulaire. Si le corps bouge dans différents plans, il faut alors exercer les muscles sollicités pour déplacer les extrémités et les articulations voisines, de façon à traduire cette séquence. Pour un travail de résistance fonctionnel, élémentaire ou poussé, il faut un protocole correct qui fasse travailler les muscles générateurs du mouvement, les muscles secondaires et les muscles synergiques *dans l'ensemble des trois plans.*

Guide d'entraînement

À présent, vous disposez de suffisamment d'informations pour commencer à élaborer votre programme d'entraînement. Cette partie offre des conseils supplémentaires et un rappel de quelques principes importants qui vous faciliteront la tâche.

Commencer avec les exercices fondamentaux

Le premier point à garder à l'esprit est le suivant : commencez votre programme avec les exercices fondamentaux. Un exercice secondaire risque de fatiguer une partie spécifique d'un muscle ou d'un groupe musculaire, ce qui vous fera tirer moins de profit des exercices fondamentaux si vous les exécutez ensuite. En règle générale, il vaut mieux respecter ce principe pour créer son programme, à l'exception de quelques techniques avancées.

Solliciter d'abord les grands muscles ou les petits ?

Souvenez-vous des six groupes musculaires du haut du dos. Si vous recherchez l'*hypertrophie* ou la *puissance*, exercez les grands groupes musculaires avant les petits et les muscles synergiques.

En effet, les exercices qui sollicitent les grands muscles en font participer de nombreux petits. Par exemple, lever la barre au développé couché mobilise surtout les pectoraux, mais aussi les muscles des épaules et les triceps. Exercer les triceps avant la poitrine fait souffrir les pectoraux parce qu'un muscle secondaire a été préalablement fatigué.

D'un autre côté, si vous souhaitez améliorer la souplesse, l'endurance et/ou l'équilibre, mais pas la taille, de vos muscles, commencez par les petits muscles (synergiques) avant les grands (principaux), de façon à les fatiguer uniformément et à atteindre un équilibre hypertrophique ou musculaire.

Faites les exercices multiarticulaires avant les exercices uniarticulaires

Dans la deuxième classification des exercices, nous avons défini les exercices multiarticulaires comme l'exécution de mouvements sollicitant plus d'une articulation selon une amplitude précise, alors que les exercices uniarticulaires en entraînent une seule selon une certaine amplitude. Faites d'abord les exercices multiarticulaires. Intégrez ce principe à votre entraînement pour exercer les muscles principaux, secondaires, grands, moyens et petits, en fonction de vos besoins et de vos objectifs. Pour inclure ces exercices dans votre programme, commencez par un exercice multiarticulaire. Ensuite, accordez la priorité à un exercice moins éprouvant.

POUR RÉSUMER

- **Pour développer la taille et la puissance des muscles**
  a. choisissez un programme incluant un travail de résistance poussé,
  b. exercez les grands muscles avant les petits,
  c. effectuez les exercices multiarticulaires au début, et
  d. faites les exercices fondamentaux avant les secondaires.

- **Pour développer la souplesse, l'endurance et l'équilibre de vos muscles**
  a. choisissez un programme d'entraînement isométrique, des exercices d'ADM et d'assouplissement, et un programme d'entraînement isotonique léger,
  b. exercez les petits muscles avant les grands,
  c. effectuez les exercices uniarticulaires au début du programme, et
  d. faites les exercices secondaires avant les exercices fondamentaux.
  Vous devez maintenant avoir compris que nous préférons ce type de combinaison fonctionnelle. À présent, examinons quelques techniques de pointe.

Sept principes d'entraînement

Voici sept principes et techniques à inclure de diverses manières dans votre programme d'entraînement quotidien : **(1)** périodisation, **(2)** système de « l'entraînement fractionné », **(3)** cycles d'entraînement, **(4)** système « lourd-léger », **(5)** super-séries, **(6)** tri-sets et **(7)** système pyramidal.

1. Périodisation

De nombreux sportifs s'entraînent en utilisant le principe de périodisation, qui fait partie intégrante de tout programme avancé. On peut définir la périodisation comme des cycles de charges, de volumes, d'intensité et d'exercices pendant une période donnée, que l'on divise en jours, en semaines, en mois, voire en années. Chaque cycle comporte des charges, des volumes et une intensité spécifiques, de façon à éviter le surentraînement et à progresser le mieux possible en force, en endurance et en puissance.

On peut diviser les cycles d'une période en macrocycles et mésocycles. Le macrocycle correspond généralement à une période d'un an. Le mésocycle, partie spécifique du macrocycle, est habituellement planifié autour d'événements ou de compétitions à venir. Par exemple, si vous souhaitez participer à une épreuve de développé couché lors d'un concours d'haltérophilie, votre entraînement sera macrocyclique et mésocyclique autour de cet événement. On peut décomposer le mésocycle en plusieurs phases, selon le plan général de sa périodisation.

Voici les subdivisions d'un mésocycle, dans l'ordre :

Phase 1. Hypertrophie et endurance.
Phase 2. Force ; une partie du programme insiste sur le développement de la force (augmentation de l'intensité, mais diminution des volumes).
Phase 3. Puissance et mouvements sportifs spécifiques ; phase de perfectionnement des mouvements du sport pratiqué pour préparer une compétition.
Phase 4. Compétition et entretien ; diminution de l'intensité et des volumes pour se concentrer sur la compétition ou pour permettre au corps de se reposer avant d'entamer un autre cycle.
L'exemple d'un programme d'entraînement pour un footballeur (voir **tableau 11.1**) donne une idée sur la façon de périodiser son entraînement. Ce système permet au sportif de se concentrer sur des zones précises de l'entraînement (comme l'hypertrophie musculaire) pendant une période spécifique. Ce type d'entraînement permet au corps d'être au mieux de sa forme au bon moment (tournoi ou événement sportif particulier). La périodisation aide les sportifs à éviter le surentraînement.

Tableau 11.1

EXEMPLE DE PROGRAMME DE PÉRIODISATION POUR UN FOOTBALLEUR

Phase	Dates	Point de concentration	Style
1	31 janvier-15 mars	Hypertrophie	Volume élevé, intensité faible
2	16 mars-22 mai	Force	Volume moyen, intensité moyenne
3	23 mai-1er août	Puissance, mouvements sportifs spécifiques	Volume faible, intensité élevée
4	2 août-31 janvier	Compétition, entretien	Volume faible, intensité faible

De même, la périodisation convient généralement bien aux adeptes du *fitness* en leur permettant de centrer l'entraînement sur des objectifs particuliers pendant chaque cycle. Elle empêche aussi la routine de s'installer dans n'importe quel programme. De plus, elle aide à éviter le surentraînement.

Il est donc très avantageux de périodiser son entraînement. Pour commencer, centrez votre entraînement sur et autour d'un événement sportif. N'oubliez pas de planifier des temps de récupération dans votre programme. S'entraîner constamment, à une intensité et avec des charges maximales, diminue les progrès et les performances. Cependant, la périodisation permet au corps de s'adapter progressivement à de nouveaux efforts et au sportif d'être au sommet de sa forme lorsqu'il en a besoin.

2. Entraînement fractionné

Le système de l'entraînement fractionné est basé sur un principe rendu célèbre par Boyd Epley pour les sportifs de l'université du Nebraska. Ce programme consiste à ne pas exercer chaque jour les mêmes muscles. Les séances sont plus courtes, certains muscles récupèrent et se développent tandis qu'on en sollicite d'autres, ce qui permet de participer à d'autres activités et de continuer la musculation sans s'épuiser. Ce système permet aussi d'appliquer d'autres principes d'entraînement, comme les exercices fondamentaux-secondaires, multiarticulaires ou uniarticulaires. Voici un exemple d'un système d'entraînement fractionné pour le haut du corps :

PROGRAMME D'ENTRAÎNEMENT FRACTIONNÉ

Lundi : poitrine, épaules, triceps
Mardi : dos, biceps, bas du dos, abdominaux
Mercredi : repos
Jeudi : poitrine, épaules, triceps
Vendredi : dos, biceps, bas du dos, abdominaux
Samedi : repos
Dimanche : repos

3. Cycles d'entraînement

Une autre technique d'entraînement avancé, utilisée à l'université du Nebraska et dans de nombreux autres établissements universitaires (et professionnels), fait référence au principe de cycles qui consiste à empêcher le surentraînement et à permettre progressivement des gains de force plus importants. Il s'agit de varier l'intensité et le volume d'une série à l'autre pour un même exercice, et d'une séance à l'autre. Ainsi, on continue à progresser sans ressentir l'envie d'abandonner. Les cycles s'harmonisent bien avec les périodes d'entraînement. On peut effectuer un exercice fondamental comme le développé couché (voir **tableau 11.2**) en appliquant le principe de cycles tout en l'intégrant à celui de la périodisation.

Il suffit de comparer le principe de périodisation avec celui de cycles pour comprendre l'interaction entre les deux. En gros, inclure des cycles dans un programme de périodisation favorise l'augmentation de l'endurance, de l'hypertrophie, de la force et de la puissance musculaires, et cela évite aussi le surentraînement ou la perte de motivation.

4. Système lourd-léger

Le système lourd-léger, autre principe que propose Boyd Epley, s'accorde bien avec l'entraînement fractionné et les cycles. Selon la théorie d'Epley, il faut exercer chaque partie du corps intensément une fois par semaine, puis légèrement une deuxième fois pendant la même semaine. Cette méthode semble permettre les plus grands gains de force, d'endurance et de puissance, en limitant les risques de surentraînement. Le système lourd-léger demande de commencer la semaine avec une séance intense et d'accomplir un autre jour une séance légère. Le **tableau 11.3** donne un exemple d'emploi du système lourd-léger en phase 2 d'un programme de périodisation.

On y constate un changement du volume de travail (nombre de séries) et de l'intensité des deuxièmes séances du jeudi et du vendredi, dont résultent un accroissement maximum des gains dans la phase et, plus important encore, une diminution des risques de blessures et de surentraînement.

5. Super-séries

Les super-séries, ou *super-sets*, définissent deux exercices choisis et exécutés sans repos, ou presque, entre chaque, et qui sollicitent la même partie du corps ou des muscles agonistes et antagonistes.

Tableau 11.2

PRINCIPE DE CYCLES POUR UN PROGRAMME DE PÉRIODISATION AU DÉVELOPPÉ COUCHÉ

Phase 1 : hypertrophie ou endurance

	Répétitions	Intensité
Série 1	12	60 %
Série 2	12	65 %
Série 3	12	70 %

Phase 2 : force

	Répétitions	Intensité
Série 1	6	75 %
Série 2	6	80 %
Série 3	6	85%

Phase 3 : puissance ou mouvements sportifs spécifiques

	Répétitions	Intensité
Série 1	3	85 %
Série 2	3	87 %
Série 3	3	90%

Phase 4 : compétition ou entretien

	Répétitions	Intensité
Série 1	10	65 %
Série 2	10	70 %
Série 3	10	70%

Tableau 11.3

SYSTÈME LOURD-LÉGER DE LA PHASE 2 DU PROGRAMME DE PÉRIODISATION

Phase 2 : force

Lundi (lourd) : poitrine, épaules, triceps
Mardi (lourd) : dos, biceps, bas du dos, abdominaux

	Répétitions	Intensité
Série 1	8	70 %
Série 2	8	72 %
Série 3	8	75 %

Jeudi (léger) : poitrine, épaules, triceps
Vendredi (léger) : dos, biceps, bas du dos, abdominaux

	Répétitions	Intensité
Série 1	8	70 %
Série 2	8	70 %

D'après ce principe, on réduit le temps entre les séries et on augmente l'intensité et les charges, de façon à progresser efficacement. Deux exemples (voir le **tableau 11.4**) vous aideront à mieux comprendre les super-séries.

Veillez à bien augmenter la charge de travail en appliquant cette technique. Déterminez votre temps de récupération en conséquence !

6. Trisets

Les programmes d'entraînement avancé utilisent aussi les trisets, c'est-à-dire l'exécution de trois exercices particuliers sans interruption dans le but de travailler une partie du corps bien précise ou trois parties distinctes. Le principe des super-séries est à la base des trisets, à savoir, intensifier le programme de résistance en augmentant les charges et le volume, tout en réduisant le temps de récupération entre les exercices.

Tableau 11.4

SUPER-SÉRIES D'EXERCICES

Super-série de deux exercices pour la même partie du corps

Exercice	Paramètre
(1) Curls de biceps à la barre	3 séries de 10 répétitions
(2) Curls de biceps avec haltères assis	Pas de repos entre les exercices

Super-série de deux exercices pour un agoniste et un antagoniste

Exercice	Paramètre
(1) Curls de biceps à la poulie	3 séries de 10 répétitions
(2) Extension des triceps à la poulie	Pas de repos entre les exercices

Nous fournissons deux autres exemples qui montrent comment intégrer des trisets dans votre programme d'entraînement (**tableau 11.5**).

7. Système pyramidal

Le dernier principe d'entraînement avancé que nous abordons, le système pyramidal, est similaire à celui des cycles, mais avec une étape supplémentaire. Il s'agit d'effectuer plusieurs séries d'un exercice unique en augmentant la charge à chaque fois pour un nombre prédéterminé de séries, puis en la diminuant. Ainsi, on augmente le volume total soulevé au cours d'une séance spécifique. Le **tableau 11.6** indique comment introduire le système pyramidal pour le développé couché.

On peut inclure l'ensemble de ces sept principes dans des programmes d'entraînement avancé. Cependant, n'oubliez pas que l'accroissement des charges, de l'intensité et des volumes, nécessite d'établir des temps de récupération en conséquence, de façon à éviter le surentraînement ou les blessures.

Tableau 11.5

TRISET D'EXERCICES

Trois exercices pour la même partie du corps

Exercice	Paramètre
(1) Curls de biceps à la barre	3 séries de 10 répétitions
(2) Curls de biceps avec haltères assis	Pas de repos entre les exercices
(3) Curls marteau	

Trois exercices pour différentes parties du corps

Exercice	Paramètre
(1) Traction à la barre fixe prise large	3 séries de 10 répétitions
(2) Oiseau sur banc plat	Pas de repos entre les exercices
(3) Développé épaules avec haltères assis	

Tableau 11.6

SYSTÈME PYRAMIDAL

Série	Répétitions	Charge (kg)
1	12	75
2	10	85
3	8	100
4	10	85
5	12	70

CHAPITRE 12

CRÉER DES PROGRAMMES D'ENTRAÎNEMENT

Avant de concevoir tout programme d'entraînement, déterminez vos objectifs en tenant compte de vos contraintes et de vos besoins. Nous vous aidons à y parvenir au début de ce chapitre, puis nous présentons une série de programmes pour la partie supérieure du corps, destinés aux débutants comme aux haltérophiles confirmés. Nous montrons aussi comment les associer à la pratique d'un sport. Les vétérans du *fitness* trouveront des exercices utiles à inclure dans leurs programmes. Bref, à partir des informations fournies dans ce chapitre, vous pourrez choisir les éléments qui vous permettront d'élaborer le vôtre en fonction de vos besoins.

Créer un programme personnel

Chaque programme de résistance diffère au niveau des objectifs, des exercices et des variables. Commencez par évaluer vos besoins personnels et trouvez un programme adapté. Si vous n'y consacrez pas un peu de temps, vous ne pourrez pas tirer le meilleur profit de vos efforts ni progresser.

Analyse des besoins et objectifs d'entraînement

Analyser ses besoins consiste avant tout à établir les exigences auxquelles le programme doit répondre. Déterminez soigneusement les parties de votre corps qu'il est nécessaire de travailler.

Par exemple, les nageurs qui ressentent une grande fatigue des bras quand ils participent à des compétitions devront probablement axer leur programme sur l'amélioration de l'endurance musculaire de cette région du corps. D'un autre côté, les culturistes ont parfois besoin de développer la taille de leurs pectoraux.

Une fois vos besoins définis, organisez votre entraînement en conséquence. Parmi les objectifs de musculation proposés ci-dessous, choisissez-en un ou plusieurs, selon les exigences requises.

Objectifs de musculation

1. Amélioration de la souplesse
2. Augmentation de l'endurance musculaire
3. Hypertrophie musculaire
4. Développement de la puissance
5. Équilibre musculaire

Comme vous pouvez le constater, il est possible d'adapter son programme d'entraînement à ses besoins et à ses objectifs. La plupart des programmes s'effectuent en plusieurs étapes.

Étapes d'un programme de résistance

Un programme de résistance idéal doit comporter les étapes suivantes pour garantir un accroissement optimal de la souplesse et de la stabilité articulaire, en réduisant au minimum les risques de blessures.

1. Échauffement général

L'échauffement général élève la température centrale du corps de quelques degrés pour préparer le système musculaire à fournir les efforts plus importants demandés ensuite. Pour cela, pédalez sur un vélo d'appartement, faites un jogging ou toute autre activité permettant d'obtenir le même résultat.

2. Exercices d'assouplissement

Après l'échauffement général, passez aux exercices d'assouplissement décrits au **chapitre 3**. N'oubliez pas de les accomplir *avant* tout travail de résistance. Il s'agit de « réveiller » l'ensemble des tissus du système musculaire, puis de mouvoir les articulations et les muscles selon une amplitude totale dans les trois plans du corps.

3. Exercices de stabilisation articulaire

Ensuite, effectuez des exercices de stabilisation articulaire avec des cordes élastiques, le poids de votre corps et des haltères légers (voir **chapitre 4**) afin d'améliorer votre équilibre musculaire, c'est-à-dire entre les petits muscles et les tissus autour des articulations du squelette et les groupes musculaires principaux. Gardez à l'esprit qu'un déséquilibre risque d'entraîner des blessures et une diminution des performances.
Après ces trois étapes, vous êtes prêt à exécuter les exercices de résistance de votre programme.

4. Exercices de résistance

Commencez par les exercices de résistance fondamentaux, dont vous ajouterez des séries en fonction de vos objectifs et de votre expérience. À ce stade, cela vaut la peine de revoir comment organiser son programme correctement.
Le travail de résistance doit inclure des exercices fondamentaux et des exercices secondaires. Les premiers sont des exercices de résistance qui sollicitent tous les muscles de groupes spécifiques. Par exemple, le développé épaules avec haltères, requiert une action concentrique et excentrique de tout le groupe musculaire constituant l'épaule. Un exercice secondaire met l'accent sur un muscle particulier ou une partie précise d'un groupe musculaire. L'élévation latérale, exercice secondaire qui se limite au faisceau moyen du deltoïde, a tendance à mobiliser moins de fibres autour de ce muscle.

En fait, les étapes d'un entraînement correct sont maintenant au nombre de cinq :
(1) échauffement,
(2) exercices d'assouplissement,
(3) exercices de stabilisation articulaire,
(4) exercices de résistance fondamentaux, et
(5) exercices de résistance secondaires.

Optez pour des exercices de résistance qui correspondent à vos objectifs et à votre niveau, ou aux paramètres de votre programme que vous avez déterminés en analysant vos besoins.
À présent, nous allons exposer en détail des programmes modèles d'entraînement adaptés à chaque niveau.

Niveau 1. Débutant et entretien physique

De nombreuses personnes préfèrent commencer l'entraînement par un programme d'entretien physique général avant d'entreprendre un travail de résistance. C'est une bonne manière de gagner en forme, même si on ne désire pas atteindre d'autres objectifs. Ce programme, dont les principes sont donnés dans la section suivante, combine efficacement toutes les informations fournies dans ce livre.

En général, les débutants qui souhaitent attaquer un travail de résistance doivent d'abord consacrer entre 8 et 12 semaines à ce programme.

Principes d'entretien physique pour débutants

Un programme d'entretien physique général permet au débutant de se préparer au travail de résistance, mais aussi de se maintenir en forme, de prévenir les blessures et d'améliorer son état de santé général.

Les novices qui veulent se lancer dans un travail de résistance à l'avenir doivent suivre ce programme *pendant un minimum de six à huit semaines,* délai nécessaire pour que le corps s'adapte à la résistance et supporte un programme plus avancé. N'oubliez pas de vous entraîner en enchaînant les étapes précédemment décrites (échauffement, exercices d'assouplissement, etc.). Vous sentirez progressivement les changements qui s'opèrent dans votre corps. Après le premier mois d'entraînement, comme le système neuro-musculaire s'est habitué à l'exécution de nouveaux mouvements, la plupart des débutants commencent à éprouver plus de facilité à manier les charges. Simultanément, d'autres changements surviennent et améliorent la composition du corps à mesure des progrès réalisés.

Programme d'entretien physique pour débutants

Voici un programme classique pour le haut du corps que nous avons élaboré à partir des exercices des chapitres précédents. Il est destiné aux débutants qui désirent engager un travail de résistance, aux personnes qui reprennent l'entraînement après une interruption et à ceux qui veulent se maintenir en forme.

Fréquence
3 fois par semaine

Principes d'entraînement
1. Prévention des blessures
2. Mise en forme générale
3. Résistance faible

Composantes de l'entraînement (dans l'ordre)
1. Échauffement
2. Travail de souplesse
3. Travail de stabilisation articulaire
4. Circuit d'entraînement pour le haut du corps :
   - Un exercice par partie du corps
   - Entre 10 et 15 répétitions par exercice
   - Une seule série par exercice
5. Exercices fondamentaux :
   - Développé couché avec barre
   - Tirage vertical prise large (grands dorsaux)
   - Développé assis (épaules)
   - Curls de biceps à la barre
   - Tirage vertical à la poulie (triceps)

Niveau 2. Intermédiaire

Le programme d'entraînement de niveau intermédiaire est l'étape suivante à franchir si vous aspirez à suivre notre série de programmes de résistance. Cette deuxième étape fait progresser tous ceux qui n'ont aucune expérience du travail de résistance (adeptes du *fitness*, futurs culturistes ou sportifs).
Nous conseillons aux athlètes de commencer leur programme par des exercices qui reprennent les mouvements du sport pratiqué. Nous traitons des programmes sportifs spécifiques, plus loin dans ce chapitre.

Les culturistes ou les adeptes du *fitness* doivent passer au programme intermédiaire, puis au programme avancé lorsqu'ils sont prêts. N'oubliez pas que la seule différence entre ces deux catégories réside dans le volume, les charges et l'intensité à laquelle on soulève les poids, car les exercices et les programmes sont généralement identiques.

Si vous avez effectué le programme d'entretien physique avec succès en six à huit semaines, ou si vous vous entraînez depuis trois mois, choisissez le programme intermédiaire, dont le but est d'introduire des principes d'entraînement plus poussés pour atteindre des objectifs plus précis.

À ce stade, comme votre corps s'est probablement adapté au travail de résistance, il est temps de centrer votre programme sur le principe de surcharge. Consacrez entre *trois et six mois* au programme intermédiaire, période au cours de laquelle vous appliquerez de plus en plus de principes relatifs au travail de résistance, que nous présentons ci-dessous.

Principes de l'entraînement intermédiaire

À présent, l'entraînement est davantage axé sur les objectifs. Déterminez les vôtres et efforcez-vous de les atteindre. Décidez si vous souhaitez développer l'endurance, la force, la taille, la puissance ou l'équilibre musculaire, puis sélectionnez les variables d'entraînement. L'intensité et la fréquence sont les seuls facteurs qui diffèrent vraiment entre les programmes général, intermédiaire et avancé.

Le programme modèle d'entraînement intermédiaire ci-après a été élaboré pour ceux qui cherchent à augmenter la force et la taille de leurs muscles. Les programmes destinés à gagner en endurance, en force et en puissance comportent un nombre de répétitions qui varie selon le résultat désiré.

Les culturistes effectuent généralement entre 8 et 12 répétitions par série, ce qui permet d'optimiser l'accroissement de la taille des muscles et de mener à l'hypertrophie. Quant aux adeptes du *fitness*, ils s'entraînent selon une fourchette plus large de répétitions par série, entre 5 et 15, pour améliorer la force, la puissance et l'endurance musculaires. Par exemple, on peut consacrer une séance complète à l'endurance (15 répétitions minimum) et la suivante à la force (entre 6 et 12 répétitions par série).

Il est également possible de travailler l'endurance entre deux et quatre semaines, puis la force pendant quatre semaines. D'un autre côté, pour définir un éventail correct de répétitions, les athlètes doivent déterminer les exigences du sport qu'ils pratiquent, à savoir l'endurance (natation), la puissance (football), etc.

Pour entreprendre le programme intermédiaire avec plus de facilité, revoyez-en rapidement les principes. Le programme suivant, d'un niveau intermédiaire, conçu pour développer la taille et la force des muscles, n'est pas associé à la pratique d'un sport spécifique. Il s'agit d'une base d'entraînement qui insiste peu sur le travail de résistance, et dont la souplesse vous autorise à y ajouter des exercices, des répétitions ou des séries, en fonction de vos objectifs.

Des principes d'entraînement plus avancés sont intégrés dans ce programme. Relisez le **chapitre 11** sur l'entraînement fractionné, les cycles, les séries multiples et le nombre de répétitions.

Programme intermédiaire (force et masse musculaires)

Fréquence :

3 fois par semaine

Principes d'entraînement

1. Système de l'entraînement fractionné
2. Cycles d'entraînement
3. Séries multiples
4. Nombre de répétitions

Composantes du programme (dans l'ordre)

1. Échauffement
2. Travail de souplesse
3. Travail de stabilisation articulaire
4. Travail de résistance pour le haut du corps :
    - Trois séries par exercice
    - Système de l'entraînement fractionné
    - Cycles
    - Système lourd-léger certains jours

PROGRAMME INTERMÉDIAIRE (force et masse) ■ semaine 1

LUNDI

Exercice	Séries	Répétitions	Intensité (% de 1RM/Maxi)
1. Développé couché avec barre	3	10	65, 70, 75
2. Développé incliné avec haltères	3	10	65, 70, 75
3. Oiseau avec haltères sur banc plat	3	10	65, 70, 75
4. Tirage vertical prise large	3	10	65, 70, 75
5. Rowing à la barre T	3	10	65, 70, 75

MARDI

Exercice	Séries	Répétitions	Intensité (% de 1RM/Maxi)
1. Développé épaules avec barre	3	10	65, 70, 75
2. Rowing vertical avec barre	3	10	65, 70, 75
3. Curls de biceps à la barre	3	10	65, 70, 75
4. Extension des triceps derrière la tête	3	10	65, 70, 75

MERCREDI

Exercice	Séries	Répétitions	Intensité (% de 1RM/Maxi)
1. Développé couché avec barre	2	10	65, 70
2. Développé incliné avec haltères	2	10	65, 70
3. Haltères sur banc plat	2	10	65, 70
4. Tirage vertical prise large (grands dorsaux)	2	10	65, 70
5. Rowing à la poulie prise étroite	2	10	65, 70
6. Rowing à la barre T	2	10	65, 70

PROGRAMME INTERMÉDIAIRE (force et masse) ■ semaine 2

LUNDI

Exercice	Séries	Répétitions	Intensité (% de 1RM/Maxi)
1. Développé épaules avec barre	2	10	65, 70
2. Rowing vertical avec barre	2	10	65, 70
3. Curls de biceps à la barre	2	10	65, 70
4. Extension des triceps derrière la tête	2	10	65, 70

MARDI

Exercice	Séries	Répétitions	Intensité (% de 1RM/Maxi)
1. Développé couché avec barre	3	8	70, 75, 80
2. Développé incliné avec haltères	3	8	70, 75, 80
3. Haltères sur banc plat	3	8	70, 75, 80
4. Tirage vertical prise large (grands dorsaux)	3	8	70, 75, 80
5. Rowing à la poulie prise étroite	3	8	70, 75, 80
6. Rowing à la barre T	3	8	70, 75, 80

MERCREDI

Exercice	Séries	Répétitions	Intensité (% de 1RM/Maxi)
1. Développé épaules avec barre	3	10	70, 75, 80
2. Rowing vertical avec barre	3	10	70, 75, 80
3. Curls de biceps avec barre	3	10	70, 75, 80
4. Extension des triceps derrière la tête	3	10	70, 75, 80

Cet exemple de programme intermédiaire de développement de la force musculaire comporte des séances qui permettent de travailler l'ensemble du haut du corps pendant deux semaines, après quoi vous pouvez refaire le même programme ou le modifier. Choisissez les exercices ainsi que le nombre de séries et de répétitions qui répondent à vos objectifs. Effectuez les changements nécessaires.

N'oubliez pas que chaque personne doit élaborer son programme d'entraînement en fonction de ses besoins spécifiques. Aucun programme n'est universel, mais vous en trouverez certains qui se rapprochent davantage de vos objectifs que d'autres, auquel cas, il faudra quand même en adapter les caractéristiques à vos besoins.

Prenons l'exemple d'un joueur de base-ball bien bâti, mais qui commence, pour une raison ou pour une autre, à sentir de la fatigue au niveau du plat de l'épaule (région scapulaire). Son entraînement, spécialement conçu pour le préparer physiquement aux efforts exigés par le sport qu'il pratique, *doit* donc être individualisé.

Avec tous ces principes en tête, vous saurez utiliser correctement la structure de base du programme intermédiaire, en l'adaptant à vos objectifs, comme pour toutes les informations présentées dans ce livre.

Niveau 3. Entraînement avancé

On peut créer un programme d'entraînement avancé de la même manière que précédemment, c'est-à-dire en appliquant les principes du fractionnement, du système lourd-léger, des cycles et de la périodisation. La différence principale consiste à augmenter les volumes, les charges et l'intensité, ainsi que la fréquence de l'entraînement en fonction du schéma de périodisation que vous avez déterminé. Le programme modèle d'entraînement avancé, comme l'intermédiaire, constitue seulement un point de départ à individualiser de façon à ce qu'il réponde à vos besoins spécifiques.

Guide d'entraînement avancé

Commencez un programme avancé si vous vous entraînez depuis plus de six mois et si vous maîtrisez parfaitement les principes introduits dans la phase intermédiaire, qu'il est néanmoins conseillé de revoir avant d'élaborer votre programme, afin d'en tirer le meilleur profit.

Comme pour le programme intermédiaire, n'oubliez pas d'organiser celui-ci en fonction de vos objectifs. Par exemple, un culturiste déterminera les charges, les volumes et l'intensité du sien de façon à développer la taille de ses muscles. D'un autre côté, pour optimiser ses performances en vue d'une compétition, une nageuse choisira des exercices appropriés dont elle variera le nombre de répétitions et de séries en conséquence. Utilisez tous les principes décrits dans les chapitres précédents pour concevoir un programme avancé en accord avec vos besoins spécifiques, que vous aurez pris le temps d'analyser au préalable en définissant vos objectifs.

À ce stade, commencez par diviser votre entraînement en plusieurs phases que vous pourrez combiner pour préparer une compétition ou atteindre un autre but.

Planifiez votre entraînement sur une période d'un an ou de six mois à décomposer en différentes phases dont chacune correspondra à la poursuite d'objectifs précis. Si vous êtes un volleyeur amateur et que vous participez à de nombreux tournois d'été, votre programme sera centré sur cette saison qui dure trois mois par an.

Tout entraînement avancé doit être spécifique. Axez votre programme sur un objectif particulier (endurance, masse, force ou puissance musculaire) en adaptant les charges, les volumes, l'intensité et la fréquence comme il convient. Un haltérophile, dont l'objectif principal consiste généralement à gagner en force musculaire, personnalise ses séances et les répartit sur une période d'un an selon les concours qu'il prépare. Un culturiste agira de même pour augmenter la taille de ses muscles.

Ces exemples montrent bien qu'à partir d'un certain niveau d'entraînement, les objectifs de chaque séance et l'ensemble du programme deviennent très spécifiques.

C'est la raison pour laquelle il est primordial d'établir des objectifs et d'organiser son programme en conséquence en individualisant les principes d'entraînement que nous fournissons.

Programme d'entraînement avancé

Le programme avancé introduit les super-séries, les trisets et le système pyramidal dans le schéma d'entraînement. Appliquez tous les principes définis précédemment (périodes, cycles, fractionnement et système lourd-léger) pour profiter au mieux de votre programme.

Suivez les mêmes étapes que pour les autres programmes traités dans ce livre, à savoir :

(1) échauffement,
(2) exercices d'assouplissement,
(3) exercices de stabilisation articulaire,
(4) exercices fondamentaux, et
(5) exercices secondaires.

Ainsi, vous pourrez vous échauffer correctement, réduire les risques de blessures et poursuivre vos objectifs.

L'objectif principal de ce programme avancé consiste à développer la masse musculaire, avec des séries multiples à effectuer en variant le pourcentage de votre 1RM. Par exemple, le lundi (séance lourde), vous accomplirez la deuxième série du développé couché à 75 % de votre 1RM. Souvenez-vous que ce programme ne constitue qu'une base à adapter selon vos objectifs.

Ce programme avancé, destiné à renforcer les muscles, intègre l'emploi systématique des super-séries (deux exercices pour une même partie du corps), des trisets (trois exercices pour une même partie du corps) et du système pyramidal (augmenter la charge pour chaque série d'un exercice spécifique).

Fréquence :

4 fois par semaine

Principes d'entraînement

1. Système de l'entraînement fractionné
2. Cycles d'entraînement
3. Séries multiples
4. Varier le nombre de répétitions
5. Système pyramidal
6. Super-séries
7. Trisets

Organisation du programme

1. Échauffement
2. Travail de souplesse
3. Travail de stabilisation articulaire
4. Travail de résistance pour le haut du corps
    - Trois à quatre séries par exercice
    - Fractionnement
    - Cycles d'entraînement
    - Système lourd-léger
    - Système pyramidal
    - Super-séries
    - Trisets

PROGRAMME AVANCÉ (force et masse) ■ semaine 1 – séances lourdes

LUNDI

Exercice	Séries	Répétitions	Intensité (% de 1RM/Maxi)
1. Développé couché avec barre	4	10, 8, 6, 10	65, 75, 80, 65
2. Développé incliné avec haltères	3	10	65, 70, 75
3. Super-séries d'oiseau avec haltères sur banc plat et sur banc décliné	3	10	65
4. Tirage vertical prise large (grands dorsaux)	4	10, 8, 6, 10	65, 75, 80, 65
5. Rowing à la poulie prise étroite	3	10	65, 70, 75
6. Super-séries de rowing à la barre T et de tirage vertical à la poulie prise étroite	3	10	65

MARDI

Exercice	Séries	Répétitions	Intensité (% de 1RM/Maxi)
1. Développé épaules avec barre	4	10, 8, 6, 10	65, 75, 80, 65
2. Trisets de rowing vertical à la barre, d'élévation latérale avec haltères et d'élévation* postéro-latérale avec haltères	3	10	65
3. Super-séries de curls de biceps à la barre et avec haltères	4	10	65
4. Super-séries d'extension des triceps derrière la tête et de tirage vertical à la poulie	3	10	65

* Répétez chaque exercice dans l'ordre à 65 % de 1RM pour chaque ensemble de trois séries.

PROGRAMME AVANCÉ (force et masse)

■ semaine 1 – séances légères

JEUDI

Exercice	Séries	Répétitions	Intensité (% de 1RM/Maxi)
1. Développé couché avec barre	3	10	65, 70, 65
2. Développé incliné avec haltères	3	10	65, 70, 65
3. Oiseau avec haltères sur banc plat	3	10	65, 70, 65
4. Tirage vertical prise large (grands dorsaux)	3	10	65, 70, 65
5. Rowing à la poulie prise étroite	3	10	65, 70, 65
6. Rowing à la barre T	3	10	65, 70, 65

VENDREDI

Exercice	Séries	Répétitions	Intensité (% de 1RM/Maxi)
1. Développé couché épaules avec barre	3	10	65, 70, 65
2. Rowing vertical avec barre	2	10	65, 70
3. Élévation latérale avec haltères	2	10	65, 70
4. Curls de biceps à la barre	3	10	65, 70, 65
5. Curls de biceps à la poulie	2	10	65, 70
6. Extension des triceps derrière la tête	3	10	65, 70, 65
7. Tirage vertical à la poulie (triceps)	2	10	65, 70

PROGRAMME AVANCÉ (force et masse) ■ semaine 2 – séances lourdes

LUNDI

Exercice	Séries	Répétitions	Intensité (% de 1RM/Maxi)
1. Développé couché avec barre	4	10, 8, 6, 6, 10	65, 75, 80, 85, 65
2. Développé incliné avec haltères	4	10	65, 70, 75, 65
3. Super-séries de développé avec haltères sur bancs plat et décliné	2	10	65
4. Tirage vertical prise large (grands dorsaux)	4	10, 8, 6, 6, 10	65, 75, 80 85, 65
5. Rowing à la poulie prise étroite	4	10	65, 70, 75, 65
6. Super-séries de rowing à la barre T et de tirage vertical à la poulie prise étroite	2	10	65

MARDI

Exercice	Séries	Répétitions	Intensité (% de 1RM/Maxi)
1. Développé épaules avec barre	4	10, 8, 6, 10	65, 75, 80, 65
2. Trisets de rowing vertical à la barre, d'élévation latérale avec haltères et d'élévation* postéro-latérale avec haltères	4	10	65
3. Super-séries de curls de biceps à la barre et avec haltères	3	10	65
4. Super-séries d'extension des triceps derrière la tête et de tirage vertical à la poulie (triceps)	3	10	65

PROGRAMME AVANCÉ (force et masse) ■ semaine 2 – séances légères

JEUDI

Exercice	Séries	Répétitions	Intensité (% de 1RM/Maxi)
1. Développé couché avec barre	2	10	65, 70
2. Développé incliné avec haltères	2	10	65, 70
3. Oiseau avec haltères sur banc plat	2	10	65, 70
4. Tirage vertical prise large (grands dorsaux)	2	10	65, 70
5. Rowing à la poulie prise étroite	2	10	65, 70
6. Rowing à la barre T	2	10	65, 70

VENDREDI

Exercice	Séries	Répétitions	Intensité (% de 1RM/Maxi)
1. Développé couché épaules avec barre	2	10	65, 70
2. Rowing vertical avec barre	2	10	65, 70
3. Élévation latérale avec haltères	2	10	65, 70
4. Curls de biceps à la barre	2	10	65, 70
5. Curls de biceps à la poulie	2	10	65, 70
6. Extension des triceps derrière la tête	2	10	65, 70
7. Tirage vertical à la poulie (triceps)	2	10	65, 70

Programme d'entraînement sportif

L'entraînement sportif correspond à un programme avancé qui prend en compte tous les principes étudiés précédemment en les appliquant à la pratique d'un sport particulier, en fonction des exigences requises. En général, pour créer un programme adapté, on commence par analyser les mouvements, les besoins énergétiques et d'autres paramètres relatifs au sport en question.

Créer un programme d'entraînement sportif

Pour élaborer un programme d'entraînement sportif, examinez d'abord les besoins liés à votre sport. Quels muscles sont sollicités ? Quelles parties du corps sont fréquemment sujettes à des blessures ? Ce sport fait-il davantage appel à l'endurance ou à la puissance musculaire ? Faites une liste des exigences physiques de votre sport.

Ensuite, étudiez les types de mouvements. Après avoir revu la biomécanique, choisissez des exercices de résistance qui renforcent le corps selon vos besoins. À présent, vous êtes prêt à concevoir un programme.

Planifiez-le de façon à être au sommet de votre forme au moment de compétitions ou d'événements particuliers. N'oubliez pas que les objectifs d'un tel programme consistent à optimiser les performances en diminuant les risques de blessures.

Si vous êtes un passionné de golf et que vous participez à des tournois, ne vous entraînez pas avec des charges lourdes juste avant de concourir, de façon à éviter tout dysfonctionnement musculaire. Le golf est un sport « délicat ». Le dysfonctionnement des muscles principaux entrave l'interaction des nerfs et des muscles synergiques, ce qui empêche de bien se concentrer pour frapper la balle, surtout pour faire un putt. Accordez-vous 48 heures de récupération après une séance lourde et travaillez la souplesse, la stabilisation articulaire ou l'endurance pendant les deux jours qui précèdent une compétition.

Voyons maintenant comment organiser un programme sportif. Nous proposerons aussi des programmes modèles pour les athlètes universitaires et professionnels.

Programme sportif

Fréquence :

4 à 6 fois par semaine

Principes d'entraînement

1. Système de l'entraînement fractionné
2. Cycles d'entraînement
3. Séries multiples
4. Varier le nombre des répétitions
5. Système pyramidal

Organisation du programme

1. Échauffement
2. Travail de souplesse
3. Travail de stabilisation articulaire
4. Exercices de résistance en rapport avec le sport pratiqué

La plupart des activités sportives mobilisent l'ensemble du corps, y compris pendant les compétitions. Le corps adopte des positions bien précises et produit des actions biomécaniques qui correspondent aux types de mouvements requis. Par exemple, quand un joueur de base-ball frappe la balle, il se positionne d'une certaine manière, avance les pieds, tourne les hanches et tend les bras pour manier la batte (en enchaînant des mouvements particuliers). Comme on peut s'en douter, il faut des exercices et des principes spécifiques pour travailler chaque phase du mouvement qui consiste à frapper la balle avec une batte. Pour résumer, on peut dire que le corps entier avec tous ses muscles (des pieds à la tête) est sollicité pendant les compétitions sportives.

C'est la raison pour laquelle nous présentons un programme de base que vous pourrez développer correctement en fonction du sport que vous pratiquez. Toutes les informations sur la façon d'exercer les bras et le haut du corps jouent un rôle prépondérant dans la création d'un programme spécifiquement sportif, mais elles ne représentent qu'une partie de l'entraînement, lequel doit concerner la totalité du corps.

Conclusion

Les compétiteurs sportifs des années 1960 et 1970 n'étaient jamais épuisés et ils ne se dopaient pas. Ils faisaient marcher leur intuition.

GUIDE D'ENTRAÎNEMENT POUR TROIS TYPES D'ACTIVITÉS

	ACTIVITÉ	OBJECTIF D'ENTRAÎNEMENT
1. Sports de lancer et de frappe	Golf Tennis Racket-ball Softball Volley	Souplesse Endurance Équilibre musculaire
2. Entretien physique général	Marche et course à pied Activités dans l'eau	Souplesse Endurance Équilibre musculaire
3. Culturisme	Sculpter son corps Accroissement de la masse musculaire	Hypertrophie musculaire Puissance musculaire

Cette génération ne connaissait pas la vidéo, la décomposition du mouvement, les ordinateurs, Internet ni, même si cela vous paraît incroyable, les consoles de jeux. La science du sport n'existait pas, et la médecine sportive n'en était qu'à ses balbutiements.

Souffrant de hernies méniscales à l'époque, j'ai (Tom House) subi sept opérations chirurgicales et reconstructions du genou, avec des plâtres qui m'immobilisaient et des cicatrices géantes, alors qu'une simple arthroscopie suivie de trois semaines de rééducation aurait suffi aujourd'hui. La préparation physique était sous-estimée. En fait, dans les années 1960 et 1970, les entraîneurs demandaient aux athlètes de ne pas soulever de poids. Il n'y avait pas de compléments énergétiques ni de régimes alimentaires stricts. Les sportifs prenaient des pilules de sel, buvaient de la bière après les séances pour se réhydrater et mâchaient du tabac contre la langue blanche. Avant de s'entraîner, ils mangeaient des steaks frites et presque n'importe quoi, et après, ils négligeaient de s'alimenter !

Vous devez vous demander pourquoi nous examinons le passé avec autant d'intérêt. En fait, nous vivons maintenant dans un monde d'informations où le savoir augmente de manière exponentielle. Avec leur expérience, les quinquagénaires d'aujourd'hui en savent beaucoup sur les erreurs à ne pas commettre. Changez votre façon de voir l'entraînement en associant le meilleur des deux époques. Au travail et dans les loisirs, appliquez quotidiennement une partie ou l'ensemble des principes que cet ouvrage vous a permis d'apprendre.

Identifiez vos priorités et fixez-vous des objectifs réalistes, de façon à gagner en forme dans vos activités quotidiennes. Rappelez-vous que les petits ruisseaux font les grandes rivières. Commencez votre parcours dans l'univers du *fitness* en vous fortifiant les bras et le haut du corps comme première étape.

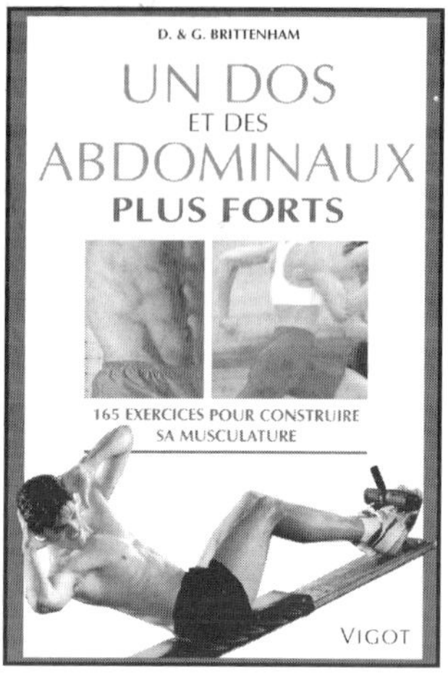

BRITTENHAM D. et G.
UN DOS ET DES ABDOMINAUX PLUS FORTS
165 exercices pour construire sa musculature
234 pages / ISBN : 2-7114-1344-6 / 99 F

ALTER M.
SPORTS ET STRECHING
41 sports et 311 exercices de stretching
224 pages / ISBN : 2-7114-1416-7 / 149 F

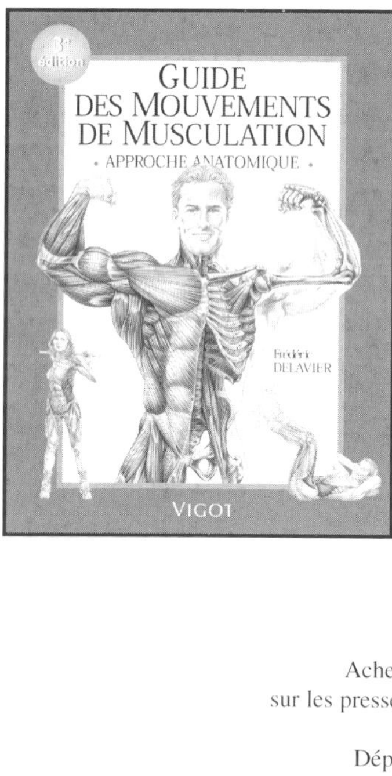

DELAVIER F.
GUIDE DES MOUVEMENTS DE MUSCULATION
Approche anatomique (3e édition)
Chaque exercice est représenté par un dessin d'une qualité exceptionnelle qui permet de visualiser les groupes musculaires sollicités. Un texte accompagne chaque illustration et permet de réaliser des séances d'entraînement.
128 pages / ISBN : 2-7114-1523-6 / 126 F

Achevé d'imprimer le 1 juin 2001
sur les presses de l'imprimerie «La Source d'Or»
63200 Marsat
Dépôt légal : 2ème trimestre 2001
Imprimeur n° 8847